现代农民科学素质教育丛书

QIAOYONG DIANNAO

巧用电脑

董　晶　编著

四川出版集团
四川教育出版社
·成　都·

图书在版编目（CIP）数据

巧用电脑/董晶编著．—成都：四川教育出版社，2010.4

（现代农民科学素质教育丛书/董仁威主编）

ISBN 978-7-5408-5284-9

Ⅰ.①巧… Ⅱ.①董… Ⅲ.①电子计算机-普及读物 Ⅳ.①TP3-49

中国版本图书馆 CIP 数据核字（2010）第 046193 号

策　　划　安庆国　何　杨
责任编辑　王积跃　何　蓓
封面设计　毕　生
版式设计　张　涛
责任校对　喻小红
责任印制　黄　萍
出版发行　四川出版集团　四川教育出版社
　　　　　地　　址　成都市槐树街 2 号
　　　　　邮政编码　610031
　　　　　网　　址　www.chuanjiaoshe.com
印　　刷　成都市书林印刷厂
制　　作　四川胜翔数码印务设计有限公司
版　　次　2010 年 4 月第 1 版
印　　次　2010 年 4 月第 1 次印刷
成品规格　148mm×210mm
印　　张　5.75
字　　数　133 千
定　　价　10.00 元

如发现印装质量问题，请与本社调换。电话：（028）86259359
营销电话：（028）86259477　邮购电话：（028）86259694
编辑部电话：（028）86259381

编 委 会

前言

本人是学电脑出身的，尽管毕业后并没有从事这方面的工作，长期以来也还是以一个电脑发烧友自居。自己在摸索学习电脑知识的过程中，发现了很多有趣的窍门，也遇到不少让人郁闷的问题。也常有亲朋好友找我帮忙解决电脑方面的疑难问题或请教一些初学者入门常遇到的问题。这时候，我很想推荐一本初学者入门的好书给他们，让他们能够按图索骥，自行学习。可惜，这一愿望却难以实现。我常常走进书城，看着满柜的各种电脑书籍，却难以找到一本真正适合初学者的电脑用书。很多电脑书冠名是《初学者指南》、《入门》等，却开篇就大讲电脑原理、基础、语言、进制什么的，往往令初学电脑者望而生畏，无法深入学习。

一直以来，我就有这个想法，按照一种应用的经验去写一本初学者真正需要的电脑入门书。如今，能有机会编写这本给农民朋友看的电脑入门书，总算能发挥我之所长，实现在电脑科普方面做点事情的愿望了。

事实上，笔者认为，电脑就如同汽车、电视、洗衣机一样，使用者不一定非要明白它的工作原理，也不一定都得学会计算机专业的学生必须学习的那些深奥知识，只要他们能知道自己日常需要应用的功能怎样去使用就足够了。真正的初学电脑者最关心的是如何选购电脑，如何顺利使用电脑，如何用电脑完成自己要求的诸如打字、游戏、上网等基本功能，而这些知识完全可以在简单的引导下学会的。那些不实用的东西就完全没有必要占用书本的篇幅和读者的时间了。

本书完全从初学者需要了解的知识角度，从实战运用的角度去讲解电脑知识，让读者在阅读本书的过程中逐渐去实践、摸索，以方法教育而非理论教育的模式指导读者由浅入深地学习电脑操作技巧。希望这样的指导思想能够让读者真正学会电脑运用而不感到枯燥乏味。

当然，由于本书的篇幅有限，很多东西都讲得不深不透，但本书培养的就是初学者，非初学者掌握的内容就留待他们在进阶的时候再去摸索、学习吧！

目 录

第一章

使用电脑前的准备工作

买电脑不是添置豪华家私摆设，更不是购置游戏机！

——你为什么要买电脑

小张这几天很郁闷也很兴奋，他已经到市里的电脑城逛了好几次，看着那琳琅满目的各种电脑，实在不知道该如何选择。听说隔壁在城里上大学的表弟小李回来了，他赶忙去求教。

“小弟，我想买台最先进的电脑，装在家里多气派啊！咱这两年也攒了不少钱，电脑这新鲜玩意儿可不能不弄弄啊！”

“你要买电脑？买来做什么？”小李被问得一头雾水。

“做什么？这个——这个我倒还没有仔细想过，不过既然都说是好东西，别人都买了，那我买一台也没什么啊！到时候看它能做什么就做什么，反正不差这点钱！”

表弟恍然大悟，原来是赶时髦啊！这是目前一些农民朋友买电脑的一个很大误区。

目前，电脑普及可以说是如火如荼，遍地开花。在城市里，几乎家家有电脑、人人会电脑，就是60岁以上的老年人也有不少能在电脑上玩玩游戏、聊聊天，甚至还能用电脑写点文章、收发邮件。十多年前那昂贵的电脑现在已经彻底平民化，走入寻常百姓家。

农村的朋友也不落后，电脑商店、网吧也逐渐出现在乡镇场街，不少农民朋友也开始把电脑这个“时尚玩意儿”搬回了家，用它玩儿游戏、协助工作、协助学习、协助生活的方方面面。

但是，也不得不说，一些农村朋友购买电脑是带有一定的盲目性的，有的更是带有一定的攀比心理。好像邻居某某买了电脑，我就一定要买一台，哪怕不会用，放在家里也是一道亮丽的风景线。在这种想法下购买电脑只会造成金钱的浪费。

电脑是一种生产生活的工具，它就像汽车、拖拉机一样，是用来提升生产效率和提高生活质量的。我们购买电脑的目的就是用它解决实际的生产生活问题，而不是作为一台高档的游戏机，更不能仅仅当成一件漂亮的家私摆设。电脑的软硬件特性决定了它必须要在有一定学习能力的人的操作下才能发挥它的各种功能。如果你自认为不愿意花一定的时间去学习侍弄这宝贝疙瘩，建议你还是不买电脑为好。否则，买来电脑也学不会使用，只是平添烦恼而已。

还有许多农村朋友，酷爱玩电脑游戏，特别是一些网络游戏。如果你打算购买一台电脑专门来玩游戏，我建议你别买，而且是一定别买！为什么？因为电脑游戏是用来休闲的，也就

是说在闲的时候打发时间的。一旦你为了游戏而购买电脑，你就很容易沉迷在花样繁多的电脑游戏之中，特别是一些需要花费大量时间练级的网络游戏，更会令你整日在电脑旁待着，对其他事情完全失去了兴趣。那样，电脑不仅不能对你的生产生活产生帮助，相反会害你贻误生产生活及学习的时机，平白浪费大把青春年华。只为游戏买电脑绝不可取，不如偶尔在网吧游戏一下，还能自我节制。

那么，到底什么情况下需要购买电脑呢？以下这些人就是有购买电脑需求的人：

1. 爱学习、需要学习电脑应用知识的人；

2. 喜爱写作、绘画或其他原因需要用电脑做相应技术处理的人；

3. 家有小孩，需要帮助他们学习电脑知识的人；

4. 关心时事，热爱博客、论坛交流，喜爱浏览网络信息的人；

5. 有亲友在远方或其他原因需要长期跟别人保持网络联系的人；

6. 经营农产品，需要在网络上进行产品宣传和远程贸易的人；

7. 打算经营特色产品电子商务的人；

8. 家有清闲老人，需要电脑辅助娱乐的人；

9. 需要用电脑炒股的人；

10. 其他必须使用电脑辅助工作的人。

并不是有电就能用电脑

——家庭购买电脑的必要条件

给表哥说清楚了买电脑的必要性，看着表哥一脸茫然和思索的样子，表弟不由问道："你家的情况适合买电脑吗？"

"啊？买电脑还要什么条件？不是有钱就行吗？"

"当然不是啦！有钱虽然可以买回电脑，可是能不能正常地使用又是另外一回事了。"表弟细心地给表哥讲解。

其实，电脑是一个非常精密的电子设备，他必须在一定的环境和条件下才能很好地工作。高温、高热、高尘、不稳定电压电流以及静电都是电脑的杀手，一不留神，买回的电脑就真的成了装饰品了。

20世纪80年代，电脑是非常昂贵的商品，一般都要为它专门设立电脑房，安装恒温空调，操作人员进出都要更换专用的无尘工作服，除了达不到无菌的程度外，其他的指标与医院的手术室也相差不远。甚至专门为电脑提供电源的稳压供电装置都要拿一个房间来安装。现在，电脑随着身价的跌落和技术的进步，对于环境的要求虽然没有这么苛刻，但是也不是可以随便放置的。

如果农民朋友要买一台电脑安装在家，首先要保证能给它提供一个没有高温、高尘的工作环境，可以让它"舒适"地为你服务。其次要确定你安装电脑的地方的电压是否稳定，有没有电灯时亮时暗的问题。因为不稳定的电压有可能导致电脑瞬间烧毁。不过，电压不稳也没太大关系，购买电脑的时候多花几百元买一个UPS不间断电源就可以了，它能保证不间断为你的电脑提供标准220伏特的电压，可谓是电脑的供电保护神。

如果你购买电脑有上网冲浪的需求，你还要在购买电脑前就向当地的电信部门了解，你家的位置是否能安装上网的宽带线路。由于农村住户普遍比较分散，只有电话线路能到达的住户才能安装宽带。而且，你家与电信机房的距离也是能否安装宽带的关键，必须咨询电信相关的技术人员才能确定这一问题。不要买了电脑才发现无法上网，那你就只有使用无线上网了，这个网费就非常高昂，而且网速较慢，在移动通讯3G技术普及以前没有太大的实用价值。

所以，并不是有钱能买回电脑就万事大吉，能不能正常使用才是关键，一定要在买电脑前搞清楚这些，免得花冤枉钱。

电脑并非越贵越好

——买什么样的电脑最合适

“哦，我明白了，你说的这几个问题我还真得搞清楚了才敢买电脑啊！”表哥感慨地说道，“买个电脑还这么麻烦，那小表弟一定要帮我选一台最先进的电脑啊！要买就买最好的，别买个差的让人笑话了！”

表弟一笑，说：“我的大表哥啊，你又错了哦！买电脑不是买电视、冰箱，并不是最好的就是适合你的，而是要最适合你的才是最好的！”

世界最快的电脑Roadrunner

确实，希望买最先进，最好的电脑不仅是农民朋友购买电脑有这个想法，就连城市里面的大多数人也是这样认为的。电脑是一种很特殊的产品，就像现在的手机一样，更新换代非常快。著名的电脑第一定律——摩尔定律告诉我们：IC（集成电路芯片）上可容纳的晶体管数目，每隔约18个月便会增加一倍，性能也将提升一倍，也就是运算的速度提升一倍。所以，我们购买的电脑在一两年内就会从最新型号变成最老的型号。

电脑这个东西，本来是用于专业技术领域的，当然运算速度是越快越好。目前世界上最先进的电脑是美国IBM公司开发的最新超级计算机“Roadrunner”，每秒计算能力超过了一千万亿次，也就是一秒钟内它就能进行上千万亿次的加减法运算，想想都很恐怖啊。这么快的速度在某些专业领域是非常有用的，但是对于普通老百姓是没有太大的意义，无论是上网还是进行文字处理或是玩游戏都不需要这么强大的运算能力。目前，一般的主流配置电脑都能满足我们日常的需求，只要不是专业做动漫设计、三维动画的，就是买一个早已经过时的奔腾四代电脑也足够用了，更别说现在主流的双核电脑了。

所以，电脑并不是买最好的才最适合你，而是根据你对电脑的需求来选择一款最适合你的性价比最高的电脑。

表哥一听，有点“飘”了，正如前面说的，他并不知道他需要电脑做什么，那么，他要买什么样的电脑才是最适合他的呢?

看着表哥茫然的样子，小表弟只好主动出击，为他分析起来：“首先呢，表哥你买电脑第一是解决生产需要。你看你那养鸡场，是不是需要用电脑做做文件、记记账？是不是随时需要查询一些技术资料？是不是需要在网上了解各地土鸡的销售情况？是不是需要了解最新的品种、技术、饲料的消息？是不是需要在网上去开拓外地市场的销路?”一番“是不是”说得表哥的脑袋如同他养的小鸡一样不停地点着。

“那么，生产之外，是不是也需要在网上为小孩找一些最新辅导材料？是不是也需要让他早早掌握电脑操作技能？是不是也需要让他学会熟练使用电脑跟上时代的潮流？在生活中，你闲暇的时候，是不是也需要用电脑点播一些最新的电影观看？是不是也想搞点电脑游戏放松你的身心？”又一长串的“是不是”已经深深地打动了表哥的心。

“是啊，电脑可以做这么多事情，真是个好东西，咱买定了！什么样的电脑才是最适合我的电脑呢?”表哥笑道。

“其实，我说的这些功能都是现在电脑基本的功能，你只需要买一部性能稳定、质量好的主流双核电脑就完全能在三五年内满足你的需要了。而且花钱不多，购买品牌电脑也就5000元左右。不过，电脑的分类还必须搞清楚，那就是台式机和笔记本电脑的区别。台式机一般拥有价格低、显示屏幕大、性能稳定、升级容易的优点，但是却不易移动。而笔记本电脑在相同性能的情况下，价格要高许多，而且显示屏幕较小，不过方便携带，可以在外出时随身携带使用。如果你只是需要放在家里用的话，还是购买台式机比较合适。如果你经常外出并且有在外使用电脑的需求，那就一定要买笔记本电脑了。当然，最好的选择是一台大屏幕的台式电脑再配备一台小巧玲珑的笔记本电脑，这在你以后体会到电脑的好处并且有这个需要的时候再买也不迟。现在的笔记本电脑已不再是奢侈品了，三五千元也能买到不错的笔记本电脑。”

“哦！我终于清楚了，看了那么多电脑，我还以为要花上万元才能买个好电脑呢！兄弟啊，你可为我节约了大笔的钱哦！”

选择买电脑的地点也是学问

——在哪里买电脑最好

“哦！真是听君一席话，胜我跑断腿啊！现在我明白自己该买什么样的电脑了！可是，卖电脑的地方那么多，我去哪里买才好呢？”表哥问道。

“呵呵呵，这个问题问得好！买电脑的学问可是很多的，在学校里面，经常有人买电脑，倒也有些经验可以告诉你！”表弟说。

无论是台式机还是笔记本电脑，如果是购买几个大厂商的品牌电脑，相对就容易选择了。只需要选择几个主流厂商的专卖店去索取你确定价位电脑的资料。当然，依照你的情况，最好选择国内的厂家或合资的厂家，原因主要是售后服务比较方便，完全进口的就暂时不考虑了。那么可供你选择的厂家有：索尼、惠普、戴尔、华硕、康柏、联想、海尔、三星、清华同方、TCL、长城、七喜等等。可以到每个厂家的专卖店去索要相关价位的产品资料后再进行对比，分析各种产品的优劣，最好能上网查询一下网友对该款电脑的评价，最后再选出你确定要买的那款电脑。一般来讲，这些厂家的产品质量都没有太大的问题，售后服务质量也差不多（不过一定要问清楚该厂商是否在你最近的城市设置有售后服务中心），主要是在配置上有差异。大家主要注意选择更高端的CPU、内存、硬盘及独立显卡的配置，其他的都不是太大的问题。

确定了购买某个品牌的某款电脑后，多走几家该厂商的经销商，问询他们的价格及优惠政策或赠品等等，找到最优惠的那家成交。购买品牌电脑一定不能忘记索要发票，那将是你以后保修的重要凭证。

而除了品牌电脑外，还有一种购买电脑的选择，就是购买DIY组装电脑。所谓的购买DIY组装电脑，严格意义上说，并不算是购买一套电脑，因为这套电脑是没有统一厂家，没有统一质检，没有统一出产地的“三无”产品。当然，这个“三无”产品并非假冒伪劣产品，而是由很多个厂家的配件组装而成的一套电脑。事实上，品牌电脑也是这样的产品，只不过，他是由品牌电脑厂家优选各个配件厂家的配件，经过严格筛选测试后组装而成的性能相对稳定的电脑。若DIY组装电脑装得好，其性价比绝对远远高于品牌电脑，只是使用中的维护略微麻烦，不会有品牌电脑那么周密细致的售后服务。所以，要购买DIY组装电脑的先决条件是要么你本身就是对电脑组装比较精通的人，要么你身边就有这样的高手做参谋。当然，表哥这种情况，在表弟的技术支持下是完全可以购买DIY组装电脑的。

电脑购买“门道”多

——购买电脑如何防止上当受骗

“好，听你这么一说，我就清楚了，明天我就去城里逛逛，买台好电脑回来！”表哥兴高采烈地说。

表弟呵呵呵笑道：“那不行啊，还得我陪着你去买才好哦！没有我做高参，很可能你会花冤枉钱的！买电脑不像买一般的商品，挑选是一门大学问，弄不好，你就不容易买到最满意的电脑哦！”

“这样啊？还好，有你老弟帮忙，我是很放心了！那你倒是说说，要怎么去挑选电脑呢？”表哥已经对表弟佩服得五体投地了，赶忙虚心求教。

确实，购买电脑是一件比较复杂和专业的事情，并不是有钱就能顺利买到自己最满意的电脑。无论是买哪种电脑，都需要一些窍门。

如果是买品牌的笔记本或台式电脑，相对来说受骗上当的机会较小。只要是在正规的厂家设立的专卖店购买，依照前面所说的方法去挑选，一般都能买到合适的电脑。即使偶然遇到质量问题，也能得到厂家比较好的售后服务。不过，购买品牌电脑的时候要尽量争取更多的赠品！品牌电脑常常都是全国统一定价，可以压价的空间不大，但是在相同价格的情况下，你可以尽可能要求他赠送防病毒软件、贴膜、电脑包、升级内存等附属实用物品，一般商家在有利可图的情况下都会尽量满足

高品质电脑主板

你的要求。

购买电脑最需要注意的就是购买DIY组装电脑。购买各种电脑配件组装成的一套电脑，没有比较专业的知识你是无法辨别配件质量的好坏和价格的高低的。最好要有表弟这样的电脑高手随行参谋，才能很顺利地买到好电脑。

如果没有高手参谋，但又很想购买DIY组装电脑，怎么办呢？还是有办法的，这就叫“假冒专家法”。这个方法很简单，你可以找个人陪伴你去买电脑，假装那个懂电脑的专家，你也可以自己“不懂装懂”。但是要注意，前提是在电脑商家很多的大电脑城才能用这一招哦，如果是镇里面的小电脑商店，这招是行不通的。

一走进电脑城的DIY组装电脑区，先随便找个商家，别问太多，说太多，外行话一说，别人就知道你是真懂还是假懂了。你直接要求营业员为你做一套价值4000元或5000元的电脑配置出来，要求就是用来一般办公、上网和玩游戏，质量要稳定，性价比要高，其他都不用多说。之后，营业员一般会为你写出一张配置单。

在这里，你需要记住一些窍门：CPU（也就是电脑的心脏）的品牌要用Intel（英特尔）或AMD的，当然，为了稳定性和较好的软件兼容性，推荐用Intel的，如果他问你要什么主频的，你就说现在主流性价比最高的即可。主板要用微星、技嘉、华硕或磐英品牌的，这些都是一流主板，一般性能比较稳定，不容易出现死机或损坏返修的问题，其他品牌主板一般不要选择，价差也不是很大。显卡，最好购买独立显卡，在买主板的时候就不要选择自带显卡的主板，声明要独立显卡，一般选择价值400元左右的七彩虹、小影霸或微星、华硕这几个主流品牌，特别是前面两个为高性价比的代表品牌。内存，一般要1G~2G容量，品牌就选择金士顿或威刚盒装条，这两个品牌质量较好，价格略微贵点，但也就是几十元的差价；千万别选择散装条，那些一般都是小厂购进内存芯片自行加工的，质量很难保证，绝大多数组装电脑的稳定性问题都出在内存条上面。硬盘，建议在

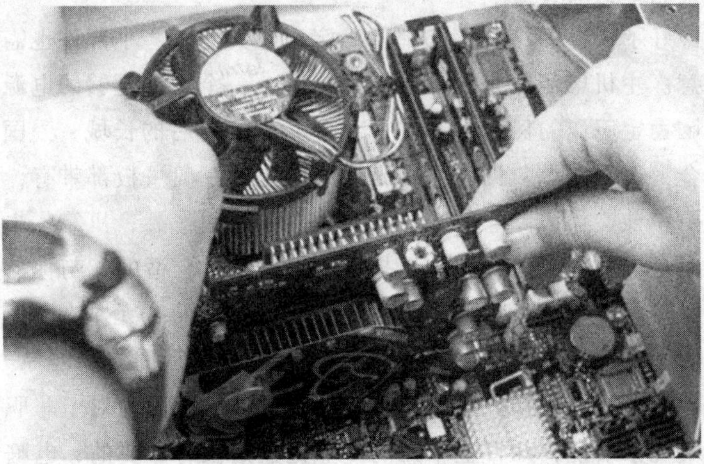

组装电脑

希捷和迈拓两个品牌中选择，容量没有太大关系，320G或500G差价都不大，问营业员要性价比最高的即可；至于硬盘上带的2级缓存，价格差异不大的情况下可以选择较大的，这对整机性能的影响不是很大。显示器是电脑上很重要的配件，一般选择主流性价比较高的显示器。到2009年5月，性价比较高的显示器是22寸的宽屏液晶显示器，也就1000多元，一般不要购买太大或太小的显示器，性价比不划算，更不要购买老式的显像管显示器，多耗费的电费就够买液晶显示器的差价了；显示器的主流品牌是三星、飞利浦、AOC、明基、宏基、爱国者、美格等，主要还是看哪个品牌的性价比更高，质量都相差不大；此外，不要相信那些花哨的功能，那些尖端而昂贵的最新技术是不值得普通老百姓去花冤枉钱的，主流的才是最重要的。光驱，是用来读写光盘的，对于喜爱看电影、玩游戏和刻录光碟、保存自己的资料和照片等东西的朋友是必不可少的，一般选择DVD刻录光驱，现在的价格很便宜，一般就100多元，品牌主要选择先锋、三星或宏基。

好了，上面这些核心部件确定后，其他一些小部件也需要注意。主机电源也是系统稳定的关键，一个功率足够的电源是电脑稳定工作的保障。现在一般选择400W左右的长城、爱国者或金河田的电源；网卡、声卡这两样东西一般主板都带有，不需要单独购买，除非你的电脑要做专业声频作品；机箱，主要作用是电脑主机的外壳，选择一个好看的、合适的、与你的显示器色彩配套、协调的机箱即可，一般价位在150元左右，那些上千元的发烧机箱是“发烧友”的选择，不是你烧钱的地方；而键盘、鼠标选择一般的几十元的套装即可，因为对于非职业游戏玩家来说，几百上千元的专业键盘是没有必要的；电脑音箱最好不要在组装电脑的地方买，那是最暴利的东西，可以另外找一家专门卖电脑音箱的商家购买，100~200元就能买到音质非常不错的了，推荐品牌是漫步者和山水。

好了，电脑配置单完成了。那么，当你仔细看这些配置的时候就可以对他采用的一些小品牌配件提出质疑和修改，最后形成符合上述条件的配置。这时候，你可以要求他给出最后优惠后的总价并表示要多家对比后才能购买。一般商家都会进行一定幅度的优惠。

完成一家的配置后，你心里就有底了，这时候就可以用同样的方法再走几家，在第一家的配置基础上要求他们报价，如果其他商家对配置提出异议，一般可以要求他们说出理由，并在不违背自己对性能和价格要求下略微修改，但是除了品牌改动外，各配件的性能参数一般就不再调整了，这样才方便比较。当几家的配置单都做出来后，就可以分别对照配件的品牌和型号，从而发现各种配件的差价并折中后形成最后的配置单，然后拿着这个配置单选择你感觉最好的那个商家（一般是与你最后配置单最接近的商家），再就个别对他出价比别人高的配件进行还价（理由充分，别人都便宜，你为什么这么贵?），在其略微让步（不可能一个商家每个配件都做到最低价格，因为他们也只能在自己的优势配件方面有低价）的情况下就可以成交了!

DIY组装电脑的成交程序一般是这样：确定配置单后，缴纳200元左右的定金，然后由商家去调来配件安装。这时候，你最好守在那里，以确认每个配件都是你的配置单中选定的型号及品牌。所有配件尽量要求要盒装的，都要当面开封、当面安装，特别是内存条这些小东西，一定要注意不能被调包，要不装进机箱里面就说不清楚了。当然，这是防止个别不良商家而已，一般现在的DIY组装电脑商家还是比较讲究诚信的，回头客对他们来说是非常重要的销售渠道。毕竟，做DIY组装电脑的商家很多，竞争还是很激烈的。

这样，在商家的技术人员帮你验货安装完成后，还要请他们把必要的软件装上（后文讲述），这样，一套DIY组装电脑才算是完成了。这时候就可以验机、付款、开票（注意：票上要注明各个主要部件的保修期，一般整机保修1年，个别部件保修3~5年，3个月内都是包换的）、打包提货了。

“啊！买个电脑这么复杂？还好，我有小弟做高参，买电脑这个技术活就交给你啦！”表哥听完表弟的长篇大论，脑袋实在有点晕，只能发表自己的感叹了。

电脑主机的主要配件示意图

附录：

主流双核电脑DIY配置推荐（2009年5月推荐）：

CPU　Intel　酷睿2双核　E7400（盒）　800元

散热器　盒装自带

主板　微星　P43　Neo3-F（LV版）　700元

显卡　七彩虹镭风4670-GD3　CF白金版　256M　500元

内存　威刚　2G　DDR2　140元

硬盘　WD　320GB　7200转　16MB (串口)　320元

显示器　AOC　F22（液晶宽屏）　1140元

声卡　主板集成

网卡　主板集成

光驱　先锋DVD刻录光驱　150元

音箱　山水2.1　80元

机箱　金河田普通机箱　120元

电源　长城400W　180元

鼠标　普通套装　40元

键盘　同上

合计　4170元（购买同等配置的品牌电脑价格上浮500~1000元）

没有"内涵"的电脑只是一台能照亮的灯
——新购电脑的必要软件安装

第二天，表哥在表弟的陪同下用了一上午的时间终于买到了满意的电脑。这时，表哥如释重负的表情又令表弟一阵窃笑："不要着急，现在你买了电脑，却还不能用。现在的电脑就像是一个没有知识的人，虽然四肢齐全，却什么事情都还不会做！"

"那，还要怎样它才会做事情啊？"

"现在需要的就是给它灌输足够的知识和能力，以完成你需要它做的工作，这就是安装应用软件了！"

在表弟的要求下，一大批各种各样的应用软件通过电脑商家技术员的手安装进了电脑。一边装，表弟一边给表哥讲解。在这里要注意一个问题，如果商家问你硬盘分几个区，你就说4个区，C盘20G，其余等分即可。

一台全新的电脑，首先要给它装上一个操作系统。所谓操作系统（Operating System，简称OS），也就是电脑系统中负责支撑应用程序运行环境以及用户操作环境的系统软件，它是电脑系统的核心与基石，没有操作系统的电脑是无法运行任何应用软件的。它的职责常常包括对硬件的直接监管、对各种计算资源（如内存、处理器时间等）的管理以及提供诸如作业管理之类的面向应用程序的服务等等。

虽然最新的Windows 7系统将逐渐成为主流系统，但是因其推出时间不长，在应用软件支持、运行稳定性方面仍有不足，现阶段多数电脑还是安装的Windows XP操作系统。而一些非主流的操作系统，如UNIX、LINUX、MAC OS等一般使用于专业领域或专业电脑上面，少数电脑发烧友也会运用却不是大众使用的选择。操作系统安装的过程较长，一般需要30分钟左右（一般商家安装软件都会给你安装所谓克隆版的软件，这样的软件虽然安装快捷，但是稳定性却很差，容易出现系统故障，建议多花点时间，让他们给你安装一个安装版的操作系统）。

安装完操作系统后，还要使用随机带的驱动光盘，把主板、显卡、声卡、网卡等配件的相应驱动程序装上，这样才能让这些不同品牌的部件有机地结合在一起，发挥出它们应有的功能。此时，才算是操作系统安装完成。

装完操作系统后，电脑已经可以做一些基本的工作了，但是要完成你需要的功能还得安装大量的应用软件。这时候，先不要急着让技术员为你马上安装应用软件，而应该先将你自行购买或他赠送给你的正版杀毒软件安装完毕并联网升级到最新版本，扫描一次新安装的系统以确认不带病毒并开启病毒监控后再继续后面安装应用软件的工作。

一般日常使用中需要安装一套办公软件用来进行文字表格等处理，然后是暴风影音、千千静听、realone、光影魔术手等，用来处理电影、音乐、图片的多媒体软件，之后是腾讯QQ、QQ游戏、搜狗拼音、解压软件、迅雷下载、遨游浏览器等一系列小实用软件。做完这一切，基本上电脑的主要应用软件就安装完毕了，其他个人需要的各种应用软件就需要你自己在熟悉电脑后再自行安装。

这时候，安装软件的最后一步一定记得要提醒电脑商家技术员为你安装一个系统备份软件，目前较好的是“一键还原GHOST”软件，安装这个软件后就可以对你现在的电脑系统及应用软件进行备份，将系统目前的状况完整保留在电脑硬盘特殊的区域，一旦电脑出现系统故障或感染难以清除的病毒的时候，你只需要按一个键就可以迅速恢复到备份时的状况。这是很多电脑玩家忽视的地方，以至于电脑一出问题就要重装系统，实在是很辛苦啊。

要充分发挥电脑的威力还要为他配置装备

——必须购买的附件设备

“好了，这下电脑配好了，软件也装了，我们可以回家用电脑了吧！”表哥满意地说。

“不！还没有最后完工，还有点小小的东西需要考虑！”表弟继续“卖关子”。

“什么？还没有完啊！”表哥很惊讶！

是的，现在把电脑抱回家，你会发现，一些细小的问题可能导致你依然无法正常使用电脑。

电脑的电源线插头是国标三孔插头，建议花几十元购买一个专用接线板给电脑使用。此外，正如前面所说的那样，如果家里的电源电压不稳定，电灯时常有时明时暗的现象，那么你一定要再花费200元左右买一个电脑UPS专用电源，连接在家庭电源与电脑之间。这样做有两个好处，一是能保证电脑随时获得标准220伏特的稳定电压，即使外部电压变化，电脑获得的电压都不会发生波动，这是保证电脑工作正常和寿命延长的关键之一；另外，若家里突然停电时，UPS专用电源能临时为你提供5~15分钟的电源，以保证你进行存盘、关机等操作，避免正在做的工作因为没有存盘而报废，也能减少电脑的不正常关机，从而延长电脑硬件及软件的使用寿命。很多电脑主板及硬盘都是因为电压不稳定的原因而出现不可修复的故障。

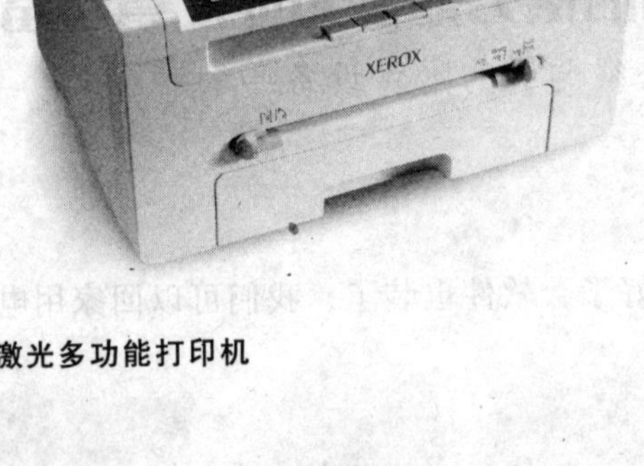

激光多功能打印机

如果你的电脑在使用中需要打印文件，那么你还要考虑购买一台打印机。现在的彩色喷墨打印机已经非常便宜了，一般家用能打彩色照片及黑白文档的喷墨打印机价位就在300元左右。不过，喷墨打印机购买价格便宜，使用可不便宜，其最大的消耗品是墨盒。一般喷墨打印机墨盒在打印几百张后就要更换，一次更换墨盒就要花费100多元，所以建议在购买的时候咨询商家，买能够进行墨水灌注的喷墨打印机，虽然灌注墨水的打印效果要差点，但是却可以大大减少打印机的使用成本。

如果你希望打印机能完成复印、扫描、传真等功能，那么建议你购买多功能的激光打印传真机，价位在2000元左右。一台机器就能完成黑白打印、复印、扫描、传真这几大功能，是办公室应用的首选。激光打印机的最大优点是打印效果一流且使用成本低廉，打印5000张左右更换墨粉仅需100多元。

如果可能的话，最好为自己的电脑购买一张专业的电脑桌。电脑桌根据电脑的构成，非常科学合理地把电脑的各个部分安排好，该放主机的地方放主机，该放键盘的地方放键盘……这样你会感觉到使用电脑的方便与舒适。如果随意放在家里的其他桌子上，很快你就会陷入疲惫地使用电脑的状态之中。当然，电脑桌也有高中低档之分，你可以根据自己的经济条件及居住环境选择自己喜爱的电脑桌，一般价位在100元到1000元之间。

此外，一些必备的如电脑摄像头、电脑耳麦（这几样可以争取商家赠送）、软件、游戏光碟、电脑刻录光碟、打印纸、网络连接线甚至随身传递文件的U盘等小玩意儿买齐全了，购买电脑的“伟大工程”才算是告一段落，我们可以安心抱着电脑回家冲浪了。

好了，现在你可以开机冲浪了

——买回电脑后的准备工作

电脑抱回家，还不是打开包装就可以用的，还需要把电脑的几大部件连接在一起。这几大部件分别是主机、显示器、键盘、鼠标、打印机、电脑音箱、网络连接和耳麦、摄像头。

基本上连接的工作以主机为核心，把其他的东西逐一插到主机上，注意个别插头有一定的方向性，一般在插头上都有标注，插错了是插不进去的。电脑部件的连接如下图所示：

按照下面的图示把电脑的各个部件连接在一起，再接通电源，我们就可以开机使用电脑了。

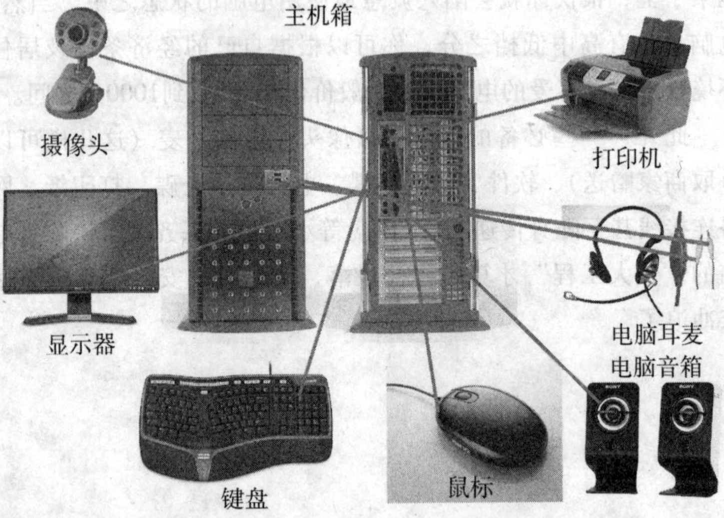

第二章

Windows操作系统的基本应用

电脑寿命与软件故障的关键

——开机，关机

从这一天开始，表哥和表弟的身份发生了一个小小的转变，成为学生跟老师的关系。每天表哥都准备好茶水，等候表弟对他进行电脑启蒙教育。

“现在，电脑买好了，也装好了，就要学习怎么开关机使用了。可别小瞧这个小小的开关机哦，一个不好的开关机习惯会严重影响电脑的软硬件使用寿命。”表弟耐心地给表哥指导。

原来，电脑不像其他的家用电器那样开个开关、按个按钮就可以开始使用。电脑的开关机必须严格按照一定的要求进行。

首先，开机需要先打开显示器的电源，然后按下机箱上面一个有“POWER”标记的按钮。按下后，电脑将开始运行开机的相关程序，这个时候一般不用做任何操作，更不能搬动电脑的主机。因为电脑最“娇贵”的部件——硬盘是最怕运行中的震动的，一不留神就报销了。随着一阵Windows开机音乐的响起，电脑屏幕将出现Windows的主画面，这时候开机基本完成，但是你还是不要忙着动电脑，因为还有很多后台的软件还在调入运行的过程中。你要注意观察主机机箱的正面，一般有一个红色的小灯在闪烁，这个小灯就代表电脑的硬盘是否在工作，当他一直处于闪烁状态的时候，就说明后台程序的调入还没有完成，基本上要等到红灯没有连续的长时间闪烁的情况后，才表明电脑开机彻底完成了。

这时候，你才可以进行下一步的电脑应用。

开机完成后的电脑主界面显示

电脑关机时不能直接断掉电源关机也不能直接按下电源开关关机，而要按照一个必须的程序关机。这个必须的程序就是用鼠标点击电脑显示屏左下角的“开始”按钮，从菜单中选取“关闭计算机”，再选取“关闭”，之后经过电脑一定时间的运作，直到主机机箱的电源灯熄灭，才是完成了整个关机的程序。如果不按照这样的程序关机，一方面有可能导致你正在做的文件资料由于没有及时存档而丢失，另一方面很容易导致电脑部件的损坏及电脑软件的故障。

当然，在电脑发生死机、程序错误，无法用正常关机程序关机的情况下，也只能通过长按“POWER”键来强行关机或按下“POWER”键旁边一个标注有“RESET”的小按键来进行电脑重启，一般电脑重启后的开机程序会对硬盘进行检测和修复，这个过程不能免去，让它自己运行，直到下一个开机动作完成为止。

“呵呵呵，没想到一个开机和关机都有这么多的学问，这电脑还真得我花不少时间来学习啊!”表哥感慨道。

必须学习的基本电脑输入设备
——熟悉键盘操作

电脑终于开机了，露出了它可爱的面容。可是，如何让电脑像个乖宝宝一样听我们的话，叫它做啥就做啥呢？那就要靠电脑的两个主要操作部件：一个是电脑键盘，另一个是电脑鼠标。

电脑键盘在很早以前就随着个人电脑的普及而随之普及了。它在很长一段时间里都是电脑输入的最常用手段，即使在手写、语音、扫描输入等更新更快的输入设备发展的今天，电脑键盘依然是我们最为依赖的输入设备之一。

如图所示，电脑键盘分为6个区域：

按照图示编号：

1.功能键区。从F1到F12共十二个功能键，配合各种应用软

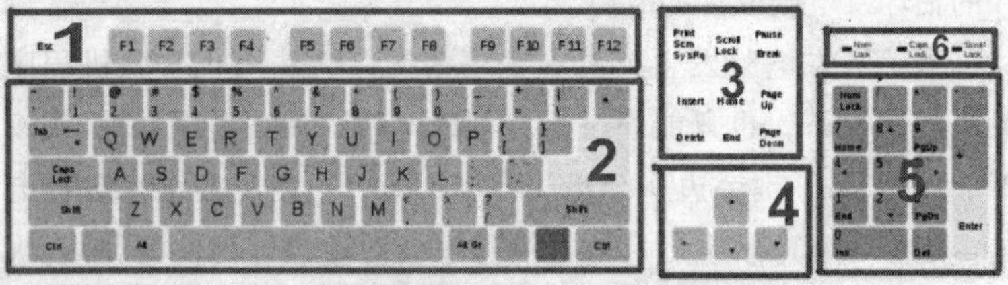

件赋予它们的特殊功能执行相应的指令。如F1一般都是各个应用软件的帮助快捷键，一按F1就进入帮助菜单或帮助网站。

2.主键区。它是从英文打字机键盘演变而来的美式QWER排列顺序的键盘，主要用于26个英文字母及相关符号的输入。最上面是十个数字键0至9，用于输入数字。中间是26个英文字母键A至Z，用于输入英文字母。还有其他字符键和这些键混合在一起的，如+,！,@,#,$,%,^,&,*等字符。这些字符我们必须按住Shift键不松开然后再按字符键才可以输入。

该区域左右各有一个Shift键叫上档键，按着它的同时按其他键会敲击出那些键上面的上档符号或指令，如按住Shift键敲击“1”键会在电脑上显示“！”，而这个“！”就是“1”键的上档符号。同时，Shift键还是大小写字母的输入转换键：不按Shift键时按字母键为小写，按下Shift键时按字母键为大写。

左右各有一个Ctrl键叫控制键或下档键，主要配合应用程序的设置和其他键组合成控制命令键，如在Word软件等常用软件中，一般按住Ctrl键敲击C键可以发出复制指令，表示为Ctrl+C这个快捷指令。常用的这种快捷指令有：Ctrl+C（复制）、Ctrl+X（剪切）、Ctrl+V（粘贴）、Ctrl+S（存盘）、Ctrl+Z（撤销），这些快捷指令一般在各种应用软件中都是通用的，熟练使用可以大大提高电脑应用的效率哦！

左边有个执行固定大/小写字母转换的Caps Lock键：按一下Caps Lock键，键盘右边三个指示灯中Caps Lock指示灯亮，灯亮后所输入的字母都显示为大写；再按一下Caps Lock键灯灭后，则又回到小写字母状态（锁定大小写后也可以通过Shift键临时转换大小写状态）。

右边有个回车键（Enter)：每打完一条命令或一行语句，都必须按一下回车键，用以告诉计算机该项输入完成，而在文字编辑中它还起到换行的作用。

右上角的退格键Backspace：每按一下退格键Backspace，光标倒退一格，并消除该字符，一般用于修改错误字符。

下方左右有两个互换键Alt键：与其他键配合使用，如Alt+F键在窗口中是打开文件菜单。

中间下方长条形的键是空格键，每按一下输入一个空格。

3.特别快捷键区。分别对应8个功能键。相应是删除键Delete：每按一下Delete键，光标前一字符被删除；替代键Insert：按一下Insert键后，输入的字符将会替代原来在光标前的字符；Home、End：分别为将光标移到一行句子的最前和最后；PageUP、PageDOWN：如果字符多于一页那么它们分别用来向上和向下翻页，如果字符只有一页，那么它们分别用来将光标移到整页纸的最前和最后。

4.方向键区。四个方向箭头：分别表示将光标向上、向下、向左、向右移动。

5.数字键盘区。也称作小键盘，按下Num Lock键，上面的Num Lock灯亮后小键盘作为数字键盘可以用来输入数字。再按Num Lock键，上面的灯灭后将作为光标控制键。

6.状态显示区。主要显示小键盘是否打开，大写是否锁定的状态指示。

至此，键盘的功能和使用就算是弄清楚了。

玩转小老鼠、电脑更听话

——学会使用鼠标

除了电脑键盘以外，还有一件东西是电脑操作必不可少的设备。那就是“橡胶球传动之光栅轮带发光二极管及光敏三极管之晶元脉冲信号转换器”或“红外线散射之光斑照射粒子带发光半导体及光电感应器之光源脉冲信号传感器”。呵呵，够复杂吧，简单点说，这就是鼠标！

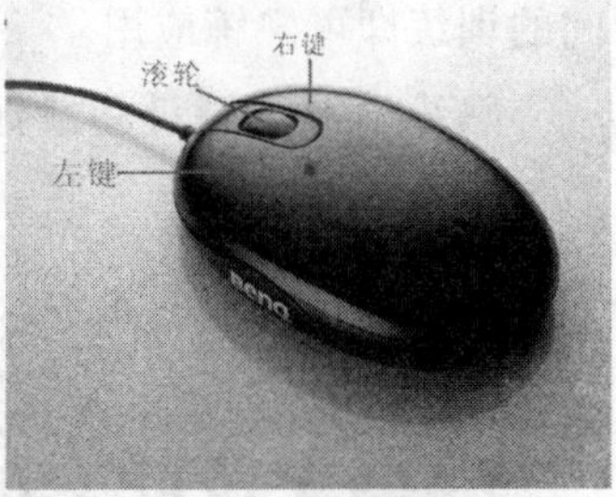

鼠标因形似老鼠而得名。鼠标的标准称呼应该是“鼠标器”，英文名为“Mouse”，它从出现到现在已经有40多年的历史了。鼠标的使用是为了代替键盘那些繁琐的指令和操作，从而使计算机的操作更加简便。

鼠标按其工作原理的不同可以分为机械鼠标和光电鼠标。机械鼠标因其故障率高，已经逐步退出了鼠标的舞台，现在主流的是光电鼠标了。光电鼠标器是通过检测鼠标器的位移，将位移信号转换为电脉冲信号，再通过程序的处理和转换来控制屏幕上的鼠标箭头的移动。光电鼠标用光电传感器来感应鼠标的移动，而这类传感器需要特制的、带有条纹或点状图案的垫板配合使用，所以我们的电脑在配置鼠标的同时还要配置一个小小的专用鼠标垫，以保证鼠标顺利流畅地使用。

鼠标在移动的时候，电脑屏幕上对应的鼠标标志（光标）也会相应的上下左右移动，当光标到达你需要的地方时，点击鼠标的左键或右键就可以完成相关的指令。一般应用软件都会定义鼠标左键和右键的寻常指令，在你逐步熟悉使用电脑应用软件的过程中将慢慢理解鼠标左右键的作用。而一般鼠标的中间有个滚轮，这个滚轮主要是方便你使用文字办公软件或浏览网页的时候进行前后翻页的动作。

学习鼠标应用的时候，一个重点是学习鼠标的方向移动，这个通过自己移动鼠标后观察屏幕上的鼠标标志就可很快上手；而另外一个重点是学习鼠标左键的点击，特别是很多软件都要用到双击鼠标左键这个动作，即连贯、快速点击鼠标左键两次，以达到打开文件夹或运行某个指令的工作，这一点经过一定时间的训练即可熟练应用。

熟练学习了键盘和鼠标的应用后，我们才可以真正开始学习使用电脑了。

学会了这些，就算是电脑入门了哦！

——Windows 自带的功能使用

现在，我们可以正式学习使用电脑了。

首先，我们来观察一下Windows操作系统的外观。如下图所示，Windows主界面分为7个部分（按照图中编号进行说明）：

1. 应用程序区。这个区域主要放置各种常用的应用程序的启动图标，只要在这里双击图标就可以快速启动相应的应用程

序。一般都把这些图标放在桌面自己喜欢的位置，主要以方便和好看为目的，也可以对其进行相应的分类，把同类的应用程序标志放在一个区域，以方便找寻和点选。

这个区域比较常用的Windows自带的几个图标是：我的电脑、我的文档、网上邻居、IE浏览器和回收站。其中，“我的电脑”也就是资源管理器，我们浏览、设置电脑的硬件，管理、使用电脑硬盘中的软件都是通过它来实现的（具体使用在后面目录管理中将学习）；“我的文档”是专门用来放置文件、音乐、电影、资料等东西的地方；“网上邻居”是电脑处于局域联网状态的时候与其他电脑交换资料的平台；“IE浏览器”是上网的工具；“回收站”则像是电脑的垃圾箱，你不要的东西一律丢进去，以保持电脑的“干净整洁”。

2. 桌面背景。可以将你喜爱的图片或摄影作品设置为桌面背景，起到美化屏幕和个性化的目的。设置桌面背景的方法是：在桌面任何空白的地方点击鼠标右键，选择属性，点选上面的桌面，这时候即可以选择那几种现成的Windows桌面，也可以点选浏览，在自己的照片中选择合适的照片做桌面背景。选择合适照片后点选打开和确定即可。

3. 开始菜单任务栏。这个区域是Windows的主要功能程序入口，所有应用程序、设置、常用文档、搜索、安全关机、重启等功能菜单都要打开这个开始菜单。也就是说，你的一切Windows应用都可以从这里开始。而我们常用的程序菜单有我们在这台电脑的Windows系统下的各种应用软件，如附件中的游戏、画图工具、简单的文本编辑软件、电子邮件处理软件等等。而在安装Windows系统后加装的各种应用软件，如Office、影音风暴、腾讯QQ、图像制作软件等也将在这里出现他们的启动及设置、卸载的相应图标，我们既能点击它们在桌面的快捷方式也可以在这里直接单击点选执行。

此外，整个任务栏都可以进行详细调节。调节的方法是用鼠标指着任务栏，单击鼠标右键，选择属性。在属性中有着各种选项可以选择，建议大家点选“开始菜单”，选择“经典开始菜单”，这是从早期Windows版本延续下来的风格，也是非常实用和方便的风格，要选取了这个才会出现前面说到的在桌面上

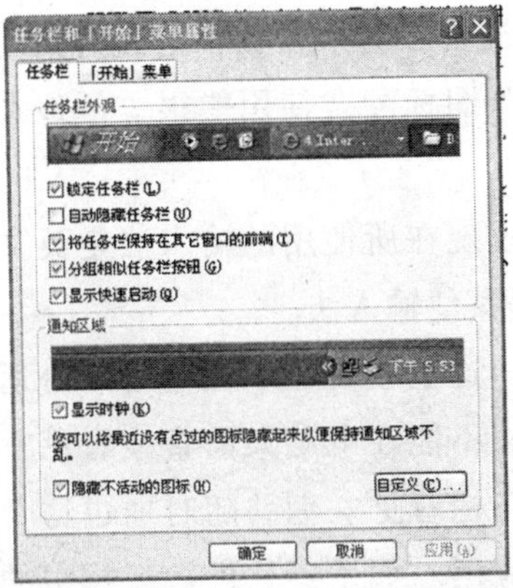

任务栏菜单

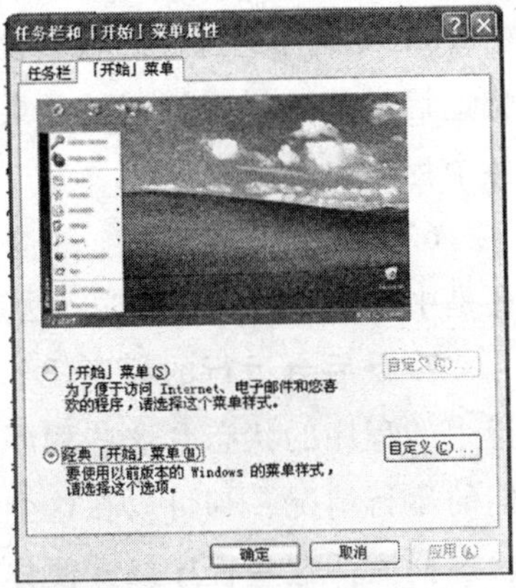

经典菜单选择

显示的我的电脑、我的文档等图标。

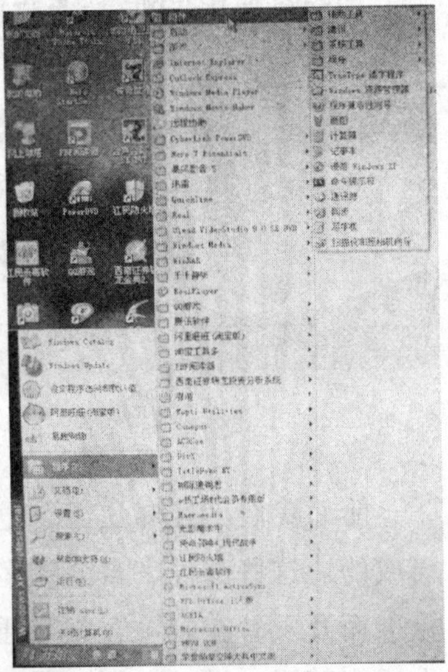

4. 快速启动任务栏。可以把最常用的二三个功能图标设置在这里。最有用的功能是“显示桌面”图标，它能在电脑打开了很多程序的情况下一次最小化所有程序窗口，直接露出桌面，方便你点选需要执行的桌面快捷程序。

5. 常用任务栏。这个区域显示你正在打开的文件夹、文件或执行的程序的情况。便于你在各个不同的应用程序中进行切换。如在用Word写文章的时候，如果需要查询资料，就可以在这里选择刚刚打开的IE浏览器，上网搜索资料，找到资料后又可以方便地选取刚才在编辑的Word文本，把选好的资料复制过去。这个区域和上面讲到的快速启动任务栏中的“显示桌面”图标配合使用能很方便地在各个程序中转换。

6. 是输入法状态栏。主要显示现在所使用的输入法是英文还是中文，是五笔字型输入法还是其他输入法。

7. 是后台运行的程序任务栏。这里主要显示在电脑后台运行中的程序的状态。这些程序虽然不能在电脑桌面直接看见它们的运行情况，却可以在这个状态栏看见它们并随时通过这个状态栏激活这些程序以方便你的应用。如杀毒软件、运行中的QQ软件、电脑联网的状态指示、电脑声音相关的调节等等。

把以上区域了解了，再操作这些Windows自带功能，很快我们就能熟练使用Windows系统的简单应用了，我们学习电脑也算是正式入门了。

知己知彼、百战不殆

——了解电脑的硬件设施及驱动程序安装

前面我们已经知道了，电脑是由不同厂家出产的部件组装而成的。这些部件来自全球多个厂家，他们都基于一个统一的标准而开发，有着可互相联通的性能。但是，就像不同国家的人语言不同一样，它们也需要一个翻译，才能让不同的部件很好地结合在一起，发挥它们最大的效能。这个翻译工具其实就是各个部件的驱动程序。

要了解驱动程序，首先我们来看看电脑的硬件情况。在电脑上想查看自己电脑的硬件情况可以把鼠标指向桌面的“我的电脑”图标，单击鼠标右键，单击属性，就会跳出如下一个电脑属性对话框。

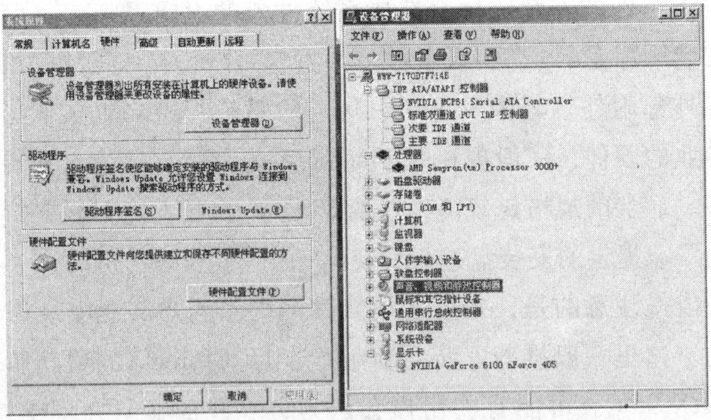

在这个对话框中，我们可以看见关于电脑的各种信息，单击上面的硬件，再单击里面的设备管理器，我们就可以在右边对话框中看到与这台电脑相关的硬件情况了。如果像图上显示的那样，就表示这些硬件的工作情况很正常。如果某些部件上面有黄色问号标志，则表示它的运行情况有问题。我们可以通过单击它来查看出了什么问题以及如何解决问题。往往解决这些问题的方法就是安装正确的驱动程序。

一般电脑可以自行安装驱动程序的硬件有：显卡、声卡、网络适配器、打印机、扫描仪、手写板等，这些驱动程序一般都跟随硬件配有相应的安装光盘。另外，显示器、键盘和鼠标等设备也是有专门的驱动程序，特别是一些大品牌的产品。虽然不用安装它们也可以被系统正确识别并使用，但是安装上这些驱动程序后，能增加一些额外的功能并提高稳定性和性能。

驱动程序的安装顺序也是一件很重要的事情，它不仅跟系统的正常稳定运行有很大的关系，而且还会对系统的性能有巨大影响。在平常的使用中因为驱动程序的安装顺序不正确，从而造成系统程序不稳定，经常出现错误重新启动计算机甚至黑屏死机的情况。而系统的性能也会被驱动程序的安装顺序所左右，不正确的安装顺序会造成系统性能的大幅下降。一般正确的安装顺序是：主板-显卡-声卡-网卡-DirectX-打印机-扫描仪等等外部附件。其中，声卡、网卡的驱动程序除非是很特别和很专业的硬件，一般现在的Windows系统都能自己为它安装驱动程序。显卡的规格比较多，一般Windows自身不能很好支持，需要用厂家提供的安装盘进行安装。

值得注意的是，很多应用软件都提示用户需要安装DirectX驱动。这里一般推荐安装最新版本，目前DirectX的最新版本是DirectX 9.0C。可能有些用户会认为："我的显卡并不支持DirectX 9，所以没有必要安装DirectX 9.0C。"其实这是个错误的认识。DirectX是微软嵌在操作系统上的应用程序接口（API），DirectX由显示部分、声音部分、输入部分和网络部分四大部分组成，显示部分又分为Direct Draw（负责2D加速）和Direct 3D（负责3D加速）。而新版本的DirectX改善的不仅仅是显示部分，其声音部分（Direct Sound）会带来更好的声效；输入部分（Direct Input）支持更多的游戏输入设备，并对这些设备的识别与驱动上更加细致，充分发挥设备的最佳状态和全部功能；网络部分（Direct Play）能增强计算机的网络连接功能，提供更多的连接方式。只不过DirectX在显示部分的改进比较大，也更引人关注，才让人忽略了其他部分的功劳，所以安装新版本的DirectX的意义并不仅是在显示部分了。当然，有兼容性问题时另当别论。

电脑就像你的家，清洁整理必不可少

——电脑资源管理器的目录管理

在电脑中，有一样部件叫硬盘，我们运用电脑做任何工作都少不了它的支持。简单点说，硬盘就是电脑负责记忆的部分。无论是你安装的应用软件程序，你的Windows系统程序，还是你处理的文件都是存放在硬盘上的。这么多的程序、数据、文件可不能随意乱放在硬盘里，否则一旦你需要寻找某个文件的时候，就会像大海捞针一样困难。

我们在购买电脑的时候，商家的技术员在安装电脑软件时就会问你硬盘需要分几个区。打个比方来说：一个硬盘就像是一套房子，你要把房子分割为不同的房间，有卧室、有客厅、有厨房、有卫生间……每个房间就是硬盘的分区。现在电脑硬盘的价格已经非常便宜了，一般都会配置300G以上的硬盘，这个容量意味着，只要你不是做视频节目或收集电影、音乐的“发烧友”，一般在几年内你是用不完这么大的空间的。要知道，一个汉字只占用2个字节，而1G有1000M（兆），1M有1000K，1K有1000字节，300G的硬盘可以装下1500亿个汉字，就是存放高清电影也能装几百部。不过，在资讯越来越多的今天，图片、视频等大容量文件也越来越占用硬盘的空间，这几百个G也不是那么经用，很多朋友都常常感慨硬盘空间太小。实在不能想象，十多年前只能用360K的软盘做存储器的时候，我们是怎么用电脑的！

我们一般建议把电脑硬盘分割为4个区。电脑的分区也叫盘，通常对不同分区用不同的英文字母代替，如C盘、D盘、E盘、F盘等等。我们首先要对四个盘进行功能划分，一般C盘空间容量控制在20~30G，主要用来安装Windows系统及常用的应用程序，如Office、杀毒软件、多媒体软件、上网工具等等；D盘一般用作文档盘，专门放置各种你自己的文件，如Office文档、音乐、照片等等，这些文件放在D盘可以方便你备份文件，还能保证在电脑重装系统的时候只会改变C盘中的内容，而不会引起你文件资料的丢失；E盘一般用来安装大型非常用应用软件及游戏软件，如容量上G的大型游戏、视频影像制作软件、电影资料、下载专区等等；F盘则主要用来做备份，放置通过1键恢复制作的C盘镜像文件、常用应用程序的安装文件以及你外接的U盘等的全盘备份文件。

这样划分的分区系统将令你的程序安装、文档归类非常清晰，需要找什么东西到相应的盘去找就可以了，不会有混乱的感觉。

搞清楚了硬盘分区，我们还要学习一个更细的东西，叫文件夹。文件夹就是在硬盘分区之下再设立的不同目录，这些目录根据你的需要取上不同的名字，便于你一目了然地知道每个目录是做什么事情的。往往每个程序的安装都要生成这样的目录，你可以很清楚地知道各个目录下面的东西是做什么用的，而不会发生在删除软件的时候错把其他文件删除的事情。目录，形象地说，就是你房间（硬盘分区）里面的柜子、书桌，衣柜一定是放衣服

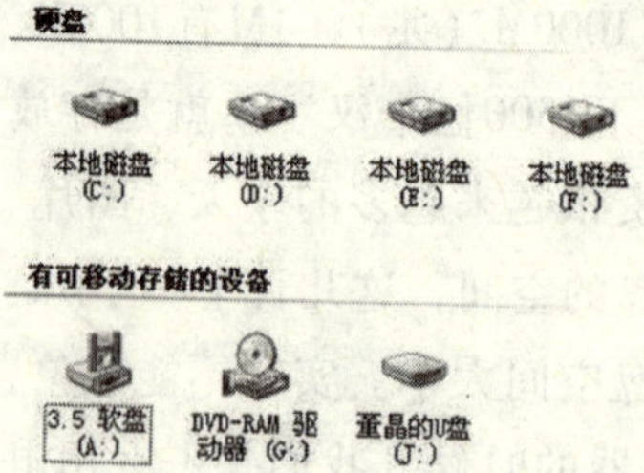

硬盘分区

的，书桌一定是放和工作相关的东西的。而这些柜子、书桌上面的抽屉就是你在文件夹下面又设置的二级文件夹，抽屉里面的各种小格子则是三级文件夹，格子里面的盒子则是四级文件夹，以此类推，可以在文件夹下面设立无限多的小文件夹，分门别类地放置你的文件。

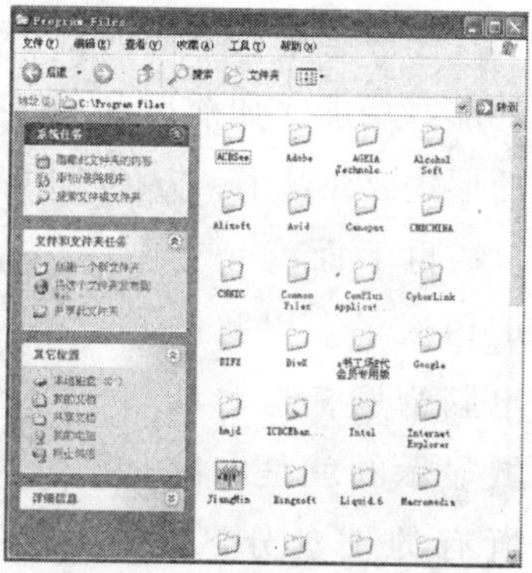
硬盘分区里面的目录

搞清楚了硬盘分区和文件夹的概念，那么如何来实现对这些分区、文件夹的管理的呢？这就要用到电脑中的资源管理器的功能，也就是桌面上那个叫“我的电脑”的图标代表的功能。

双击我的电脑，你会看见如图所示的对话框，这个对话框的模式也是几乎所有Windows应用程序采用的模式，学会使用“我的电脑”对话框也就可以举一反三熟练运用其他应用程序的对话框了。

对话框最上面的是任务菜单栏，每个主任务下面还有很多分任务，可以通过单击它们实现相应的功能。其中，文件下拉菜单里面一般有新建、打开、保存、另存为、页面设置等功能；编辑下拉菜单里面一般有复制、剪切、粘贴、查找、替换等功能；查看下拉菜单一般有各种查看模式的转换及工具栏、状态栏调整的功能；收藏下拉菜单里面一般都有添加、整理收藏及管理收藏夹的功能；工具菜单一般都有和该应用软件相关的一些小工具功能；帮助菜单一般都有调出帮助程序帮助使用者学习了解应用软件的功能及显示版权信息的功能。

这些任务菜单里面的具体内容可以通过尝试性地使用来逐

步掌握。事实上，并非所有的功能我们都要熟练使用才算是学会了电脑，只要能熟练掌握部分主要功能，能够适应自己工作生活的需要就足够了。那些自己用不上的功能，你可以在需要的时候再去查询帮助文件，临时学习使用即可。

任务菜单栏下面的就是常用功能快捷栏。主要把经常使用的那些功能，如前后翻页、存盘、打印、搜索、显示等用图标的形式放在这里，方便使用者快捷点选。

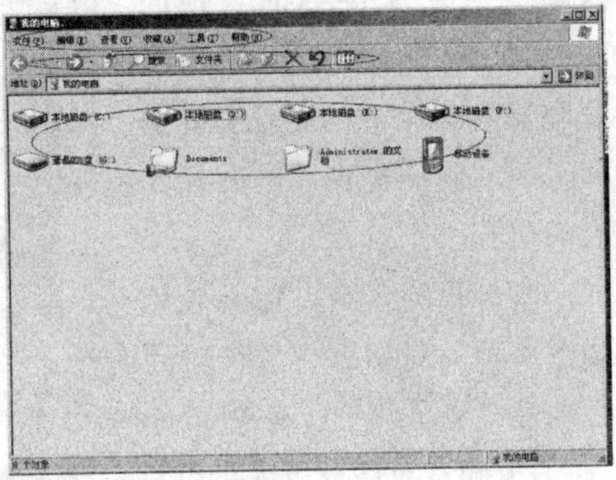

再下面就是主应用区了，以我的电脑为例，这个区域显示的就是电脑所有的硬盘分区，双击任何一个标志可以进入相应的硬盘分区，在里面又有着大量的目录，分别对应相关的内容。我们前面知道的硬盘分区及目录就可以通过这个对话框来浏览和管理，可以在里面方便地进行文件运行及编辑、复制、剪切等功能。

软件意味着功能

——电脑软件的安装

我们已经知道电脑是由硬件和软件组成。硬件就像是人的身体，软件则是人大脑里面的知识。一个没有知识的人是什么工作都做不了的，同样，一个没有软件的电脑也是什么事情都无法做的。

我们要熟练地使用电脑，就难免会有安装软件的时候。很多人认为安装应用软件是一件很专业的事情，其实，现在的应用软件安装都很“傻瓜”化了，从你双击安装程序开始，一直点击下一步或确定就可以完成安装。下面，我们以安装迅雷5软件为例，讲解应用软件安装的基本过程：

首先，双击桌面上“我的电脑”图标，找到安装文件所在位置，双击迅雷5安装文件（安装文件可以通过网络下载获得，也可以通过购买安装光碟获得）。

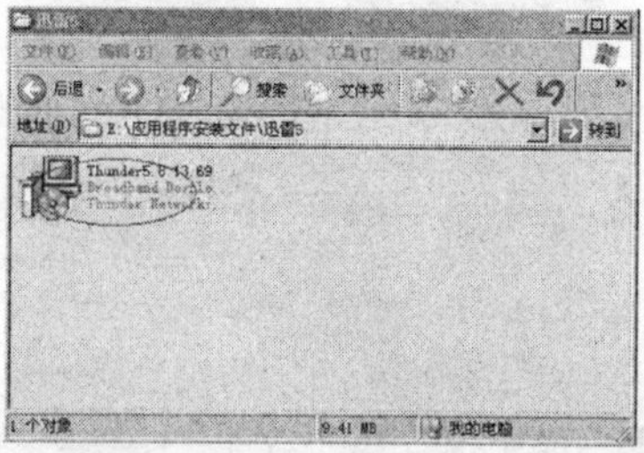

1

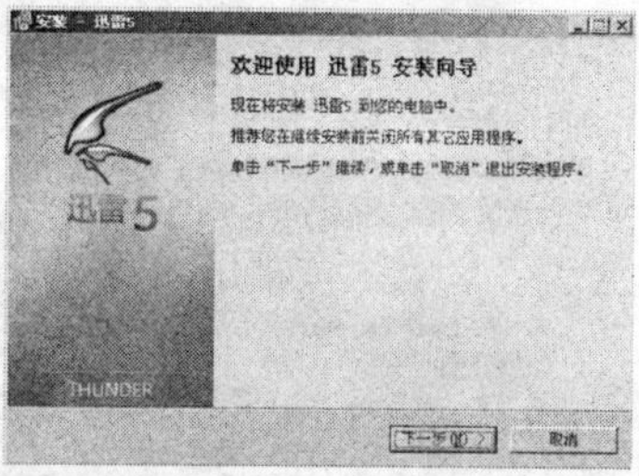

2

这时就会跳出一个对话框，一路单击每个对话框的“下一步”按钮，选择“我同意此协议”。中途在确定安装位置的时候一般使用系统默认的位置，如果是安装游戏等特殊软件，可以按照前面讲的对硬盘分区的划分，修改盘符，把C改成D或者E即可。如果你的电脑装有杀毒软件，一般在应用软件安装的过程中会询问你是否同意此软件的安装，你点选允许或同意即可。最后再等待安装状态指示的进度条到头以后，跳出安装完成的对话框，应用软件的安装即告完成。

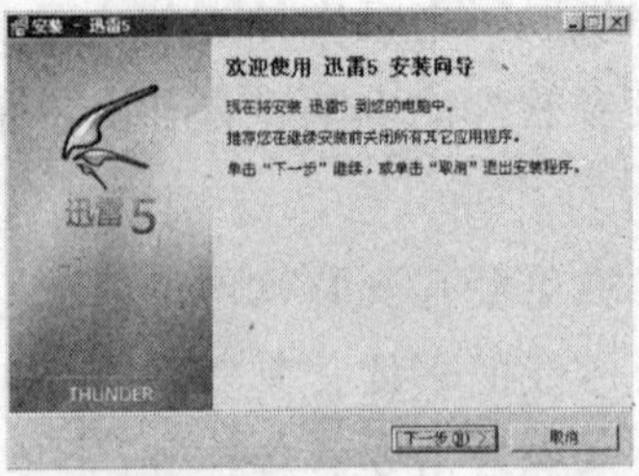

3

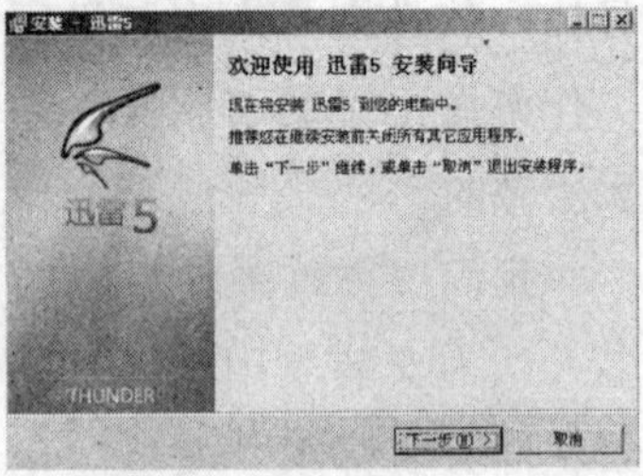

4

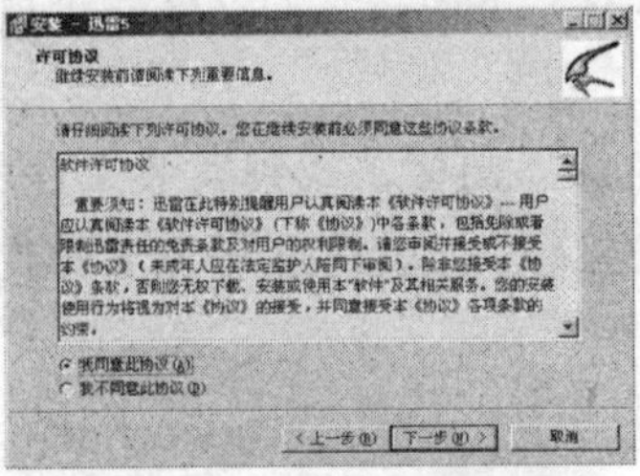

5

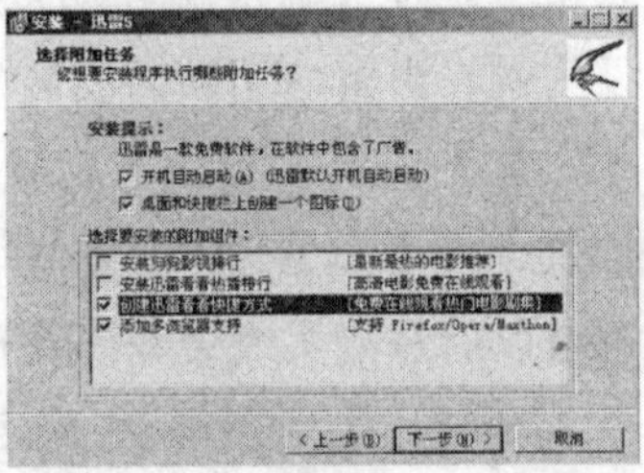

6

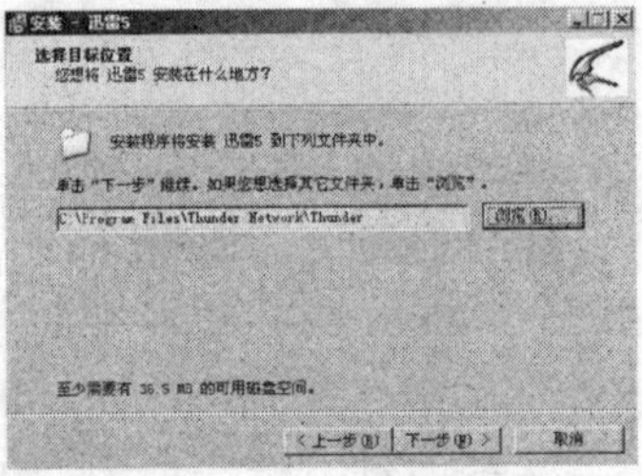

7

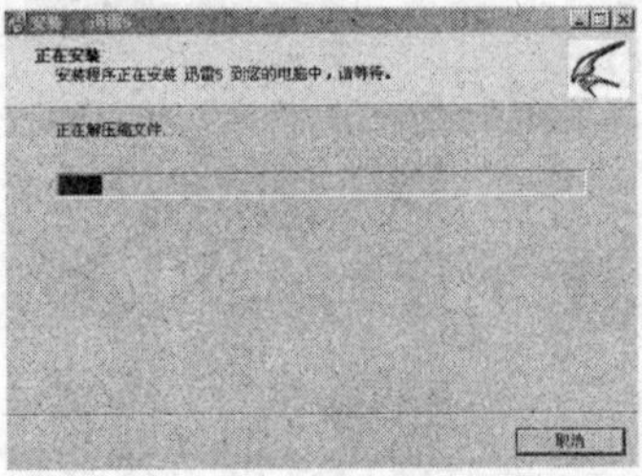

8

保持良好的状态是电脑正常工作的保障

——电脑硬盘系统优化，确保电脑性能优异

经常听人抱怨说，我的电脑是不是中病毒啦？运行速度这

么慢，打开一个网页页面都要花好长的时间，可是，我用杀毒软件杀毒又显示没有病毒，这到底是怎么一回事情呢？

其实，这是一个很正常的现象。电脑，特别是它的软件系统由于长期运行，会产生很多的临时文件和系统垃圾，这些临时文件在硬盘的物理介质上就是东一块、西一片地乱放着。本来硬盘读取一段数据只需要连续地读取一段就可以的，现在变成了东找一个数据、西拼一个数据，那电脑的速度能不慢吗？

所以，电脑在使用一段时间后发生变慢的现象，在排除了是病毒的原因后，那就是因为你没有对它进行清洁工作的缘故。

有人说，那么多的文件在电脑里面，我怎么知道哪些是可以清理的、哪些又是不可以清理的？不错，电脑上有很多系统运行必备的文件，可千万不能随意乱删除那些文件，一不小心，系统就会出故障，导致电脑系统瘫痪。

那么，我们为电脑进行清洁工作的简单做法就是利用Windows系统自身携带的磁盘清理和磁盘碎片整理这两件小工具。

磁盘清理的主要功能是把电脑硬盘里面的临时文件和文件碎片找出来并进行相关处理，从而释放电脑硬盘中被不必要占用的空间。单击桌面左下角的“开始”图标，用鼠标指向“程序”，然后指向“附件”，再指向“系统工具”，最后单击里面的“磁盘清理”就可以开始运用这件小工具了。如下面所示的对话框，在第一个对话框中选择你需要清理的磁盘，一般每个盘都要做这样的一次清理工作，选择后点击“确定”，之后会有较长一段时间的对该盘数据进行分析整理的过程，之后跳出这个盘可供清理的一张选项表格，点选“全部”后单击“确定”，再经过一段时间的运行，该盘的磁盘清理就完成了。然后，可以回头再对其他盘进行相同的操作。

磁盘碎片整理这件小工具的作用和磁盘清理不同，它主要

1

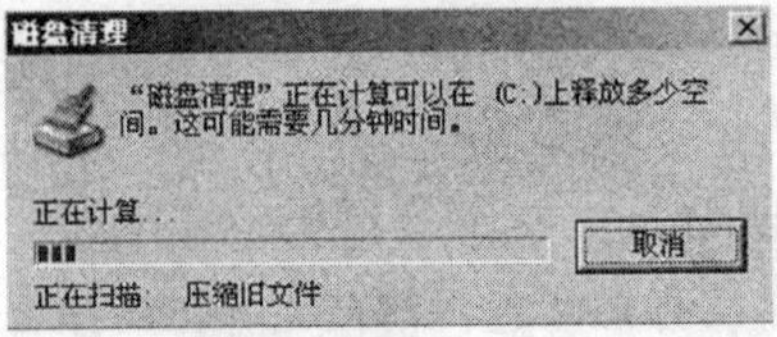

2

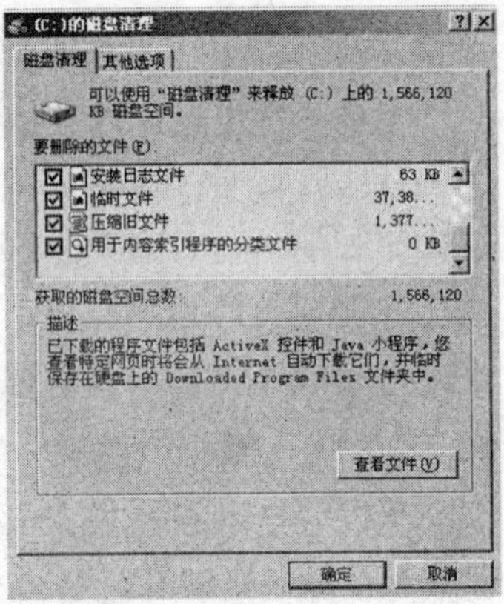

3

是针对文档在硬盘物理介质上混乱摆放的问题，目的是把硬盘中存储的程序、文件等资料想办法做成连续读取的模式，也就是把一个文件本来分段放在硬盘不同位置的资料拼接在一起，连续地放在硬盘的一段位置上。这样，当应用程序需要从硬盘上读取这个文件的时候，可以连续不断地读取文件数据，而不需要到处去寻找这些文件中的数据段。这样就能明显减少硬盘为寻找数据而发生的磁头移动等动作，从而减少读取数据的时间，进而提高电脑运行的速度。

我们同样从单击"开始"图标去运行磁盘碎片整理程序。

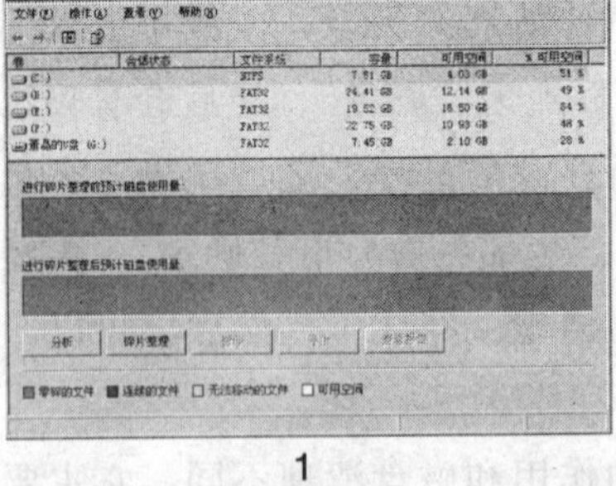

1

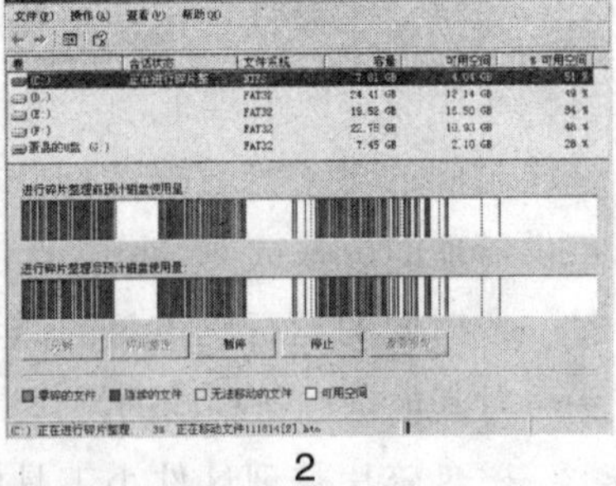

2

单击桌面左下角的“开始”图标，用鼠标指向“程序”，然后指向“附件”，再指向“系统工具”，最后单击里面的“磁盘碎片整理”就可以开始运用这个小工具了。同样，选定你要进行整理的硬盘（一般所有盘都要定期进行整理），先点选分析，待几秒钟分析结果出来后，点击对话框中的“整理碎片”就可以了。磁盘碎片整理需要很长的时间，最好选取不使用电脑的时候进行这个工作，当然，这个工作是可以随时中断的，当你需要使用电脑的时候可以点选“暂停”或“停止”来中断磁盘碎片整理，待其他工作完成后再继续整理。

当磁盘碎片整理完成后，我们会明显地发现运行同一个软件的速度比以前快多了，特别是硬盘指示灯显示的读盘时间短了很多，这对硬盘使用寿命的延长也很有帮助。

为自己的电脑注射防病抗毒的疫苗

——为什么一定要安装正版的杀毒软件

有个笑话说，小孙子在玩电脑，奶奶坐在一边看。突然，小孙子大叫：“完了、完了，我的电脑有病毒了！”奶奶很慌张，赶紧说：“乖孙子，我们赶紧走，别让病毒传染上你了！”

奇怪了，难道电脑也会像人一样感染病毒而生病？确实，电脑真的会感染病毒，但是此病毒非彼病毒也。人类感染的病毒是一种蛋白质生命体，它会侵蚀人的身体，导致人得病甚至死亡。

电脑病毒有着和人体感染的病毒一样的表现，也是令电脑

"生病"，使软硬件不能正常地工作，甚至像人生病后"发烧"一样，出现神志不清、胡乱执行指令的现象。很可能你辛辛苦苦多年的工作成果就在电脑病毒的袭击下被彻底破坏。对于这些资料的主人来说，那是一种比遭了贼还要心痛、还要愤恨、还要无奈的感受。严重的电脑病毒感染，甚至会出现和人类感染致命病毒一样的后果，那就是电脑系统崩溃，彻底完蛋！

虽然，电脑病毒的"临床表现"和人感染病毒有相似之处，但是，他的本质和人感染的病毒却毫无关系。

电脑病毒的真正定义是："编制或者在计算机程序中插入的破坏计算机功能或者破坏数据，影响计算机使用并且能够自我复制的一组计算机指令或者程序代码"。而在一般教科书及通用资料中病毒被定义为：利用计算机软件与硬件的缺陷，破坏计算机数据并影响计算机正常工作的一组指令集或程序代码。简单地说，电脑病毒就是一些有着不明企图的人专门开发的一段在你的电脑上干坏事的程序。

可笑的是，电脑病毒竟然是从一部科幻小说中得来的灵感。20世纪70年代有本叫《When H.A.R.L.I.E. was One》的科幻小说最先幻想出了这个东西。真正对这些出现在电脑中的破坏程序下明确定义的是1983的一篇论文，文中把能够自己注入其他程序的计算机程序称为电脑病毒。其之所以叫病毒，除了前面说的有着生物病毒类似的破坏作用以外，还因为它的传播机制同生物病毒类似。

电脑病毒往往会利用计算机操作系统的弱点进行传播，因此提高系统的安全性是防病毒的一个重要方面。但完美的系统是不存在的，过于强调提高系统的安全性将使系统多数时间用于病毒检查，致使系统失去了可用性、实用性和易用性。病毒与反病毒将作为一种技术对抗长期存在，两种技术都将随计算机技术的发展而得到长期的发展。

电脑病毒绝对不是来源于突发或偶然的原因。一次突发的停电和偶然的错误，会在计算机的磁盘和内存中产生一些乱码和随机指令，但这些代码是无序和混乱的。病毒则是一种比较完美的、精巧严谨的代码，它们按照严格的秩序组织起来，并与所在的系统网络环境相适应和配合。电脑病毒不会通过偶然形成，并且需要有一定的长度，这个基本的长度从概率上来讲是不可能通过随机代码产生的。现在流行的电脑病毒都是人为故意编写的，多数电脑病毒可以找到作者和产地信息。从大量的统计分析来看，电脑病毒编制的主要目的是：一些天才的程序员为了表现自己和证明自己的能力、为了发泄对上司的不满、为了好奇、为了报复、为了祝贺和求爱、为了得到控制口令、为了制作软件却拿不到报酬预留的陷阱等。当然也有因政治、军事、宗教、民族、专利等方面的目的而编写的，其中也包括一些病毒研究机构和黑客的测试病毒。

就如即使你家徒四壁，也不可能让贼人随意进出的道理一样，我们的家用电脑也要防范病毒。毕竟，现在的电脑中有我们太多的隐私，如私人照片、信件、银行信息、密码、自己创作的文章、工作中制作的作品等等，这些东西对个人来说是很有价值的。即使电脑病毒没有把这些东西传递出去，但就是被电脑病毒破坏了硬盘，丢失了文件，也是一件非常伤脑筋的事情。要学会防范病毒，我们就要了解电脑病毒，知道什么情况下我们的电脑感染了电脑病毒，以便我们及时地采取对策去解决这些电脑病毒。

电脑病毒也有着它自身的很多特点，如寄生性，像寄生虫一样把自己融合到正常的软件之中，在条件合适的时候进行传播和破坏；传染性，和感染人的病毒一样，不具备高传染性的电脑病毒是不可怕的，可怕的是迅速传染的电脑病毒，就好像正全球施虐的甲型H1N1流感病毒一般，一旦一个国家出现了一例，便可能在短时间就传播到四面八方；潜伏性，这是电脑病毒体现其定时炸弹的一面，电脑病毒设计者让它什么时间发作是预先设计好的，不到预定时间一点都觉察不出来，等到条件具备的时候一下子就爆炸开来，对系统进行破坏；隐蔽性，电脑病毒具有很强的隐蔽性，有的可以通过杀毒软件检查出来，有的根本就查不出来，有的时隐时现、变化无常，这类病毒处理起来通常很困难；破坏性，不具有杀伤力的电脑病毒也有，那多半是一些玩笑性质的电脑病毒，但是绝大多数电脑病毒都具有极强的杀伤性，一旦电脑中毒后，可能会导致平常正常的程序无法运行，计算机内的文件被删除或受到不同程度的损坏，通常表现为增、删、改、移等动作；可触发性，这是电脑病毒因某个事件或数值的出现，而诱使病毒实施感染或进行攻击的特性，如黑色星期五病毒就一定要在日期满足黑色星期五的要求的时候才会自动执行病毒程序，进行破坏活动。

如此多的电脑病毒特性，就给予了它们共通的一些特征，正是因为有这些特征，我们的反电脑病毒武器——杀毒软件才能在万千程序中找出电脑病毒的规律性，也就是电脑病毒特征代码，从而采取相应的措施，杀死电脑病毒，拯救电脑。

正如不是每一个人都需要去学习深奥的医学知识，以便在自己生病的时候救治自己一样，电脑的使用者也不必要学会如何去识别电脑病毒的特征代码、如何从正常的程序中分离出电脑病毒以及如何杀掉这些电脑病毒。我们只需要掌握一些实用的防杀电脑病毒的工具，就可以做到这些需要专业知识才能做的事情。

目前，市面上的杀毒软件很多，可以说，杀毒软件买国产的比买进口的好。在反电脑病毒领域，中国一直处在世界领先水平。现在比较流行的杀毒软件有江民杀毒、瑞星杀毒、金山杀毒、卡巴斯基杀毒等等。

千万别为了图便宜去使用免费杀毒软件或盗版杀毒软件。笔者用多年的试验验证了盗版和免费杀毒软件无法很好起到病毒防杀作用的。用“日新月异”来形容电脑病毒的发展都不贴切，可说是“分新秒异”了。杀毒软件公司都有专门的工作人员时刻在采集最新出现的病毒或病毒变种，并迅速开发出相应的解毒程序供正版用户升级杀毒软件。这些工作是需要大量的人力物力才能够办到的。一般免费杀毒软件难以做到这么细致的工作，盗版杀毒软件更是因为无法联网更新而导致杀毒能力弱小。所以，在杀毒软件这方面，我们一定要使用正版。

那么，这么多正版杀毒软件，我们到底选择哪一种才好呢？以笔者多年的经验来看，国产的主流杀毒软件性价比都比较高。下面，我们就以江民杀毒软件为例来讲讲杀毒软件的安装和使用（其他品牌的杀毒软件安装和使用知识是差不多的，就不一一叙述了）。

买回江民杀毒软件后，将安装光盘放入光驱中，稍微等待一会儿就会跳出安装提示菜单如下：

先点选标志1处的“江民杀毒软件KV2009”（以后的新版本也许是KV2010……2011……）再点选标志2处的“点击安装江民KV2009”，开始进入安装过程。此后同安装其他应用程序的操作基本上是一样的。一般电脑软件的初始设定都比较适合电脑初学者，在不是很了解这些应用软件和相关知识的情况下不要乱选择那些可选项目，只需要直接点选“下一步”一般都能顺利完成安装。江民杀毒软件安装时有两个地方需要注意：

一个是刚开始的时候需要选择“同意安装协议”，这个在很

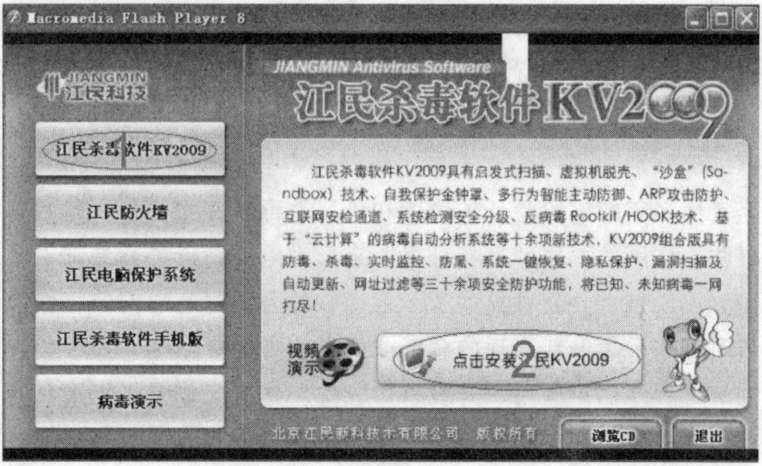

多软件安装中都会遇到。无论它的协议内容是什么，你都只能无条件选择同意，否则就无法完成这个应用程序的安装。另一个就是需要进行身份验证。你在购买江民杀毒软件的时候，随光盘还配有一张小小的卡片，刮开卡片上的涂层，可以看见一段注册代码。这些代码就是你拥有正版江民杀毒软件使用权的身份证明。你只需要按照显示提示输入这些验证代码（不用区别大小写），这些验证代码就会通过网络传递到江民公司的服务器进行正版验证，验证通过后就能享受江民杀毒软件的在线升级等功能。注意：这个验证代码只能在一台电脑上安装，可不能随意借给别人使用。一旦江民的验证服务器在网络上检测到有1台以上的使用同一验证代码的电脑在同时进行升级下载，就会立即停止对其中某台电脑的服务，严重的，甚至会直接令这个验证代码失效，也就等于你失去了这个正版软件。

在江民杀毒软件安装完成后，一般先会对这台电脑进行一次病毒扫描，你最好耐心地等待它把你电脑中所有的文件都检查一遍，确保你的电脑是在无病毒的环境下，以便进行下面的工作。

扫描完毕后，你可以根据杀毒软件的提示，到江民网站去注册一个通行证（在后面网络冲浪的章节中我们将以此举例说明如何进行网络注册）。一旦注册成功，你就可以抛开那张验证码小卡片，直接用你的用户名及密码随时重新安装和使用你的江民杀毒软件了。当然，那张小卡片可不能乱扔哦，别人捡到了也一样可以通过上面的验证码安装正版江民杀毒，到时候就不知道是谁的软件被封杀了！

装好了江民杀毒软件，我们再来看看这个杀毒软件是如何保护你的电脑的。首先，双击江民杀毒软件的快捷标志，运行江民杀毒软件。这时，会跳出下面这个窗口：

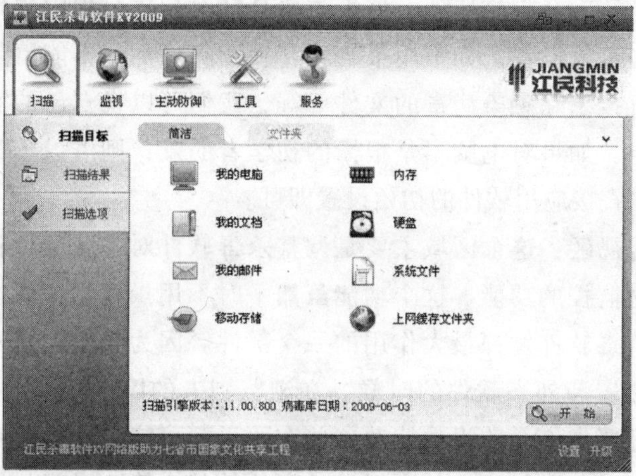

上面一栏标注的“扫描”、“监视”、“主动防御”、“工具”、“服务”这5个按钮是江民杀毒的5个主体功能区。而每个功能区下面都还有很多小的选项，辅助执行这5个功能的相关细节。下面分别讲述：

扫描区：这是最常用的一个功能，主要是完成对电脑存储器的扫描，识别和发现病毒并进行相应的杀毒处理。扫描目标选项中分别列举了你可能需要扫描的存储器区域，如果要扫描整台电脑，就选择“我的电脑”，如果你只需要扫描插在电脑USB接口上的外来U盘就选择“移动存储”……一点这些按钮，软件就会从你电脑的内存查起，一直扫描到你需要扫描的区域，如果发现病毒就会立即报告并提示你是否杀除病毒或删除感染病毒的文件。有些比较顽固的病毒可能在扫描状态下无法清除，杀毒软件就会提示你重启电脑后再清除这些病毒并自动完成相关的重启杀毒的软件配置。全电脑扫描可能需要较长的时间，我们要耐心等待，等它把应该扫描的地方都扫描完成后再关闭杀毒软件，否则就有可能前功尽弃，没有很好起到杀毒作用。扫描区还有个扫描选项，这里主要是针对扫描过程中软件的一些动作进行设置，如不用报告就直接清除病毒、不能清除病毒是否直接杀除感染病毒的文件等等，我们可以视自己的需求进行设定。如果对电脑不是很懂的初学者朋友，则可以不管这些内容，直接应用软件的初始设置即可。

监视区：这个区域主要是调整杀毒软件对电脑运行程序进行实时监控的功能。这个功能虽然平时不用操作它，但这却是江民杀毒软件发挥最大作用的一个部件。因为我们在上网的时候、在安装外来软件的时候、在浏览别人的U盘中的文件的时候，都要靠这个监视功能对这些东西里面可能包含的病毒进行监控，一旦运行的文件含毒，杀毒软件就会第一时间封锁这个文件的运行并提示你进行相关处理，绝对不会允许病毒随意进入你的电脑。因此开启监视功能非常重要，其开启方法是在这个区域把软件提供的集中监视功能尽量打开，这样会在电脑显示器右下方出现一个红色的K字，这就代表着这个监视功能在运作。

主动防御区是针对木马、系统补丁等，我们一般把前面两项打开即可，打开太多选项会不停提示你这样、那样，对初学者来说会平添很多麻烦，没有太大必要，我们就使用软件出厂设置即可。

工具区也推荐使用出厂设置。

服务区里面主要显示的是江民杀毒软件的版权信息，包括你的注册情况、付费到期时间等等。此外，一些和江民通行证相关的连接也在这里，你可以通过这个区域更换注册码或其他注册信息。一般不是特别情况也不必改动这个区域的内容。

好了，主体应用区域的功能介绍得差不多了，还有最后一个重要的功能必须讲讲。那就是江民杀毒的更新问题。一般，现在的江民杀毒都是采用自动升级更新，只要你的电脑开机后连在互联网上，软件就会自动侦测你的版本信息并为你自动升级更新到最新的病毒库。如果你有较长时间没有开启电脑，那么你也可以在开启电脑后第一时间手动更新，方法就是点击主对话框右下角的“升级”标示，按照提示再点击“开始”即可完成升级更新任务。

江民杀毒软件在电脑运行的时候，一般会对修改注册表、修改系统文件这些动作进行提示，在电脑右下方会跳出一个对话框，询问是否是你自己运行的软件在修改这些信息。如果是，你就点击“允许”，如果不是，就有可能是电脑病毒在袭击，你就最好点击“禁止”。一般在我们安装需要的软件的时候跳出这种提示，就可以放心点击“允许”。否则，无缘无故跳出这个对话框，很有可能是有问题的，为安全起见，最好点击“禁止”！

其他杀毒软件的应用方式都是差不多的。现在有了杀毒软件保驾护航，我们就可以放心地使用电脑了。当然，杀毒软件也不能百分百保证电脑不中电脑病毒。为了确保电脑对电脑病毒的抵抗力，我们还是要从自身使用电脑的习惯着手，严防电脑病毒袭击。这就要求我们不要乱访问不了解的网站，特别是一些不健康网站。也不要乱安装一些盗版软件，这些盗版软件也是很多电脑病毒的滋生体。更要小心江民杀毒软件的病毒提示和不明程序运行提示，不要稀里糊涂就乱点击“允许”，可能这个“允许”就是你“开门迎盗”的行为。

学会备份，电脑随你怎么玩也不怕！

——如何备份电脑系统软件和恢复系统软件备份

（一键GHOST软件的应用）

虽然我们说只要给电脑安装上正版的杀毒软件，就能基本确保电脑不会中电脑病毒，可以安全地使用，但是，请注意笔者的用词是“基本”二字。也就是说，还是有被电脑病毒侵袭的可能性，一样可能遇到电脑的崩溃和系统的损坏。此外，电脑软件在正常的运行过程中也会产生很多程序碎片，这些碎片日积月累，就会慢慢影响电脑的性能，甚至导致电脑系统的崩溃。

那么，难道我们每过一段时间就要把系统及大量的应用软件重新安装一次吗？不，这绝对不是明智的方法。因为一次全系统安装是一个非常庞大的工程，而且很容易导致资料的丢失。最好的解决办法就是在系统使用得最顺畅舒服的时候做一次系统备份，保存在电脑硬盘里面或刻录成光盘。一旦电脑系统出现感染病毒无法清除的情况或系统受损、运行不畅的时候，我们只需要运行这个备份文件，就可以很方便地把过去完美状态的系统恢复到电脑上。

一般，主流的品牌电脑都自身配置有系统备份工具或提供有系统恢复光盘。大量国产电脑及DIY组装电脑则要依靠一个叫做一键GHOST的软件来进行备份和恢复的操作。

所谓一键，就是指这个软件很“傻瓜”，使用者只需要按一个键就能完成这个备份或恢复工作。下面，就让我们来认识一下这个一键GHOST软件。

一键GHOST软件是一个免费软件，在各大下载网站都能找到。我们在购买电脑的时候就可以请电脑销售商家为我们安装好这个软件并为我们做好一次最初的备份。这样，我们回家后就可以肆无忌惮地摆弄我们的电脑，最坏的情况也不过用这个软件重新恢复一下系统罢了。

在这里，我们就不再讲述一键GHOST软件的安装过程，因为一般购买了电脑都会安装这个软件，即使没有安装也很简单，点击安装文件后，一路点击“下一步”就能很容易完成安装。

安装了一键GHOST软件的电脑，在开始菜单程序栏中就有一键GHOST软件的执行图标，点击“开始”—“程序”—“一键GHOST”，一键GHOST软件就会运行，会跳出右面这个对话框：

作为初学者，我们可以不管那些细致选项，直接选择“一键备份C盘”后

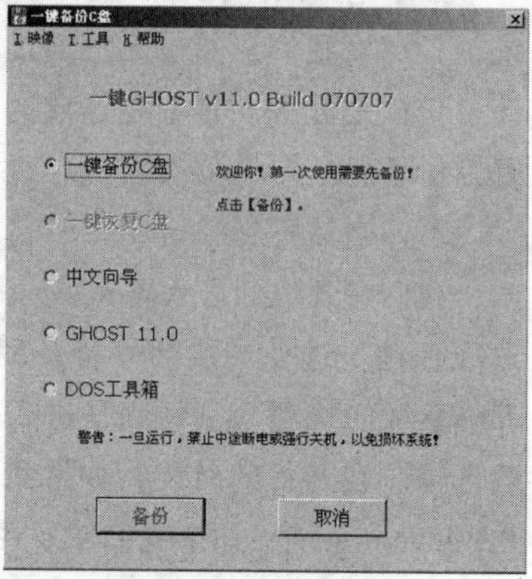

一键GHOST自动备份恢复软件主菜单

点击备份即可。之后就不要动电脑，更不能断电或强制关机，一直等到软件重启电脑，进入备份界面，完成备份并再次重新启动电脑进入Windows界面后才宣告完成。这个过程是完全自动化的，不需要你做任何多余的动作，只在需要你确认的时候根据它的提示按一个键即可，所以它叫一键GHOST自动备份恢复软件。

当电脑系统中了电脑病毒无法清除，或因其他原因使用不顺利的时候，我们就可以使用这个软件进行系统恢复。恢复的方法和备份时完全一样，只是点选的是“一键恢复C盘”而已。在进行一键恢复的过程中我们要特别小心的就是千万不能让电脑断电，一旦断电，系统恢复程序就会出错，不仅不能恢复系统，还会导致原有的系统也无法使用，电脑基本上就瘫痪了。

我们在进行系统恢复的时候还要注意一个小问题，那就是系统恢复会重新读写你的C盘，所有C盘上的文件都会丢失。因此你一定要在系统恢复之前对C盘的重要文件进行备份，将它们复制到其他盘里面，待系统恢复完成后再复制回去。

如果电脑故障比较严重，已经无法正常进入Windows操作系统了，那么我们自然也无法通过开始菜单去运行一键GHOST自动备份恢复软件，是不是这样的情况下我们就无法进行系统恢复工作了呢？

不，当然不！一键GHOST自动备份恢复软件设计得非常科学，我们在开机到进入Windows系统之前在电脑屏幕上就有一个选项，这个选项一般会停留3-5秒钟，上面显示的是进入Windows系统的选项，下面则是进入一键GHOST自动备份恢复软件的选项。在开机的时候，如果我们不进行选择，它就会自动进入Windows系统，如果我们需要在这里进行系统备份和恢复的工作，则在开机进入这个界面的时候按下键盘中方向键的下键，再敲击回车键，电脑就会转入执行一键GHOST自动备份恢复软件。再按照其提示，一路用方向键加回车键一样能恢复系统，让电脑回到当初你备份时候的状态。

当然，每次恢复系统后，很多软件都没有更新到最新状态，还处于你备份它时候的状态，这时你首先要对这些软件进行更新。特别是杀毒软件，一定要更新到最新的病毒库以后再开始其他操作，以免还没有开始使用新恢复的系统又中了病毒，以致“出师未捷身先死”，又要重新恢复系统。这些教训在实践中是很多的，正是前人总结的经验教会我们应该怎样去做，才能最佳地使用电脑。

小问题自己解决，别什么事情都往销售商那里跑

——常用电脑故障侦测及处理

初学者用电脑，最怕的就是电脑出毛病，很可能一个小小的按键问题，都只能感叹：“汝不听话，如之奈何啊！”于是，初学者往往就成了电脑商家的常客，动不动就扛着主机跑到商家那里去解决各种各样稀奇古怪的而往往是一些简单得不能再简单的问题。

我们在发现电脑有各种各样的故障后，首先要对故障进行诊断。一般来说，电脑软件发生故障比硬件发生故障的几率要高，我们应该先检查软件有没有问题，再检查硬件有没有故障。相对来说，软件故障的排除和处理比较容易，所以一般情况下

在分析电脑故障的时候，都是先从软件开始诊断分析。

从软件入手，首先要做的是检查电脑病毒、检查系统软件和应用软件，然后检查驱动程序，最后检查注册表和BIOS。这就是在检查软件故障时候的通常顺序。

在检查电脑故障时，我们需要在电脑使用的不同阶段来分析：打开电源的时候、自动检测的时候、启动运行过程中、使用过程中。这样可以把电脑的故障范围缩小到几个固定的设备或者软件里。

在电脑自检后的启动过程中，先要对硬盘开始识别，读取数据。在这个过程中，如果硬盘出现故障，则容易出现无法读取硬盘的情况，如果操作系统出现故障，则多是因为启动文件丢失，也可能是病毒让系统无法启动。如果硬盘和操作系统并无故障，接下来我们就应当看到启动画面了。

操作系统启动的时候，首先要读取系统的引导信息，然后会调用几个系统的主要文件。因此在这个过程出现问题，那就可能是系统文件被破坏，或者是引导文件被损坏了。解决方法可以用前面所说的一键GHOST恢复系统即可。

启动操作系统以后的问题也会有很多，也就是常规的软件故障。

软件故障问题是比较复杂的，比如运行软件的时候出现错误、死机、重启等。这些软件问题出现的可能性有三个，一是软件发生了错误，二是软件感染了电脑病毒，三是软件本身设计制作不完善。解决方法一般是重新安装这些应用软件，如果软件版本太低，可以升级到新的软件版本，同时使用杀毒软件对软件进行检查。如果电脑故障是在安装某一软件以后造成的，这类软件往往会在系统启动文件里设置为自启动，我们可以点击“开始”—“运行”，输入Msconfig就可以打开系统配置实用程序，在启动文件里去掉自动启动的软件，就可以解决了。

电脑病毒或者修改系统内的设置，或者修改注册表，使得操作系统无法使用。因为病毒的更新速度是很快的，我们需要经常升级杀毒软件，才能对病毒监控达到更好的效果。

在使用过程中，可能会出现设备故障，例如设备无法正常使用或者设备冲突，那么可能是您的驱动程序出问题了。现在的硬件更新速度很快，新版本的驱动会解决冲突以及软件的各种错误设计。

另外还有一项很重要的系统设置，那就是注册表。有些用户喜欢通过修改注册表来达到对系统的优化设置或进行个性化设置，也有的用户在上网浏览时被恶意程序改动了注册表。一些故障就是因为对注册表不正常的更改而造成的。我们可以在平时对注册表进行备份，然后在出现错误的时候就可以恢复。在“开始”—“运行”里，输入“Regedit”，就可以打开注册表。打开文件菜单，单击“导入”选项，找到我们平时备份的注册表，就可以恢复了。

文件丢失，经常出现在程序和系统里。这可能是在使用过程中误删某些文件，也可能是文件共享使用的时候，互相调用产生的错误。如果没有这些文件的话，系统可能无法正常启动，软件也无法正常运行。解决方法是重新安装软件。

系统里经常出现的一种错误还有设备冲突和软件冲突。设备冲突一般多在安装新硬件的时候出现，两个设备因使用相同的中断号或者是其他的系统资源而出现了冲突。我们可以通过修改设置来让两个设备一起工作。如果软件产生冲突的话，可能是软件也使用了相同的资源，软件的唯一性，这种问题是很难解决的，因为软件在设计的时候，对资源分配以及工作原理都做了相应的设置，在一般情况下用户是无法修改的，所以只有卸载掉相冲突的软件。

如果排除了软件问题，那就有可能是硬件问题了。从硬件入手，首先要检查机箱里的温度是否过高，一般都是靠感觉来检查温度是否正常，也可以靠软件来检查温度，最常用的温度检查软件是CPU Cool，可以在网上下载。我们平时要注意电脑周围的工作环境，要特别重视CPU和显卡的散热。然后还需要检查内存、显卡，检查完以后还可以检查其他的硬件设备。

对于初学者来说，太复杂的硬件问题肯定难以解决，但是一些简单的，如检查主板和显卡上面的散热风扇是否在正常运转，取下内存条进行一定的清洁工作，拔插硬盘、光驱接头解决接触不良故障，取下显卡，清洁接头，重新安装这些事情还是可以尝试去做的。因为这些简单处理一般不会导致硬件损坏，而绝大多数电脑故障又是这样解决的。

针对电脑常见故障，我们还要重点介绍一种情况的处理方法，这也是初学者比较容易碰见的头疼问题，那就是电脑死机和重启。这是电脑故障里出现频率最高的，同时也是最难解决的。我们需要依靠以上解决故障的知识来判断。

首先说死机，死机是Windows操作系统里的资源分配或者是系统配置无法满足系统的要求，形成无法工作或者死循环，致使系统资源无法使用，电脑只好停止所有工作，于是就形成了死机。在判断死机故障的时候，需要从硬件和软件两方面去考虑。首先考虑在硬件方面是否存在冲突，硬件驱动是否良好，硬件设备是否工作正常；然后在软件方面，检查操作系统是否损坏，是否有病毒，软件是否使用正常。

重启故障也和死机一样，存在很多方面可能的原因。也从硬件开始判断：检查电源线是否连接良好、是否存在短路、设备之间有没有冲突、电脑内部发热是否严重、散热是否良好、硬件连接是否良好、驱动程序是否可以使硬件正常工作、硬件资源是否存在冲突；软件方面的错误，同样和死机的判断一样，检查是不是软件在运行的时候出现了错误、软件或者系统文件是否可能丢失或者损坏，也可能是系统产生了错误，需要通过重启来修复。

我们不必对故障恐慌，因为电脑故障一般情况下都是可以解决的，而且电脑故障的解决方法往往很简单，所以在发现故障的时候，首先要做的是冷静分析；要灵活应用所学的知识去思考和解决故障，日益积累的经验才是通往快速解决故障的捷径；多动手动脑才是最重要的，俗话说熟能生巧，也就是说，对电脑多动手动脑才能对电脑有更深层次的了解，对解决电脑故障也会有很大的帮助。

第三章

文字输入及简单办公软件应用

不会一种熟练的输入法就等同不识字的“电脑文盲”

——主流输入法介绍（五笔、拼音、手写）

电脑，是个交互式的工具。它就像你的助手一样，你需要它做什么，一定要给它一个命令或告诉它你的需求，可惜，现在的电脑还没有先进到我们说话它就能听懂的地步，尽管已经有语言交流方面的电脑技术在研发之中，也曾经出现过这样的初级软件，但是其实用性还远远不能达到真正交流的程度。所以，我们和电脑交流还需要用键盘及鼠标来配合，给它相应的指令，它才能做出相应的动作。当然，作为初学者来说，并不需要你去学习深奥的电脑语言或大量复杂的操作指令，只要能通过界面控制按钮的点击完成相应的功能就可以了。

但是，作为一个需要进行文字沟通和处理的工具，我们不学会如何把中文通过键盘输入到电脑里面，是肯定不行的。中文的输入就像我们孩童时学习认字一样重要。不会进行电脑中文输入的电脑使用者，基本上等同于电脑应用方面的文盲，只能使用一些简单的固定化的功能，而没有办法发挥电脑真正的威力。所以，几乎每一位电脑使用者都要选择并学习一种自己能熟练使用的电脑中文输入方法。

在电脑中文输入方面，曾经一段时间很流行五笔字型输入法。几乎出现全民学习五笔字型输入法的场面。后来，大家发现，这完全是一个错误的趋势。五笔字型是一种非常优秀的中文输入方法，其最大的优点就是输入速度快，一个训练有素的打字员，用五笔字型输入中文可以达到200字/分钟的速度，绝对是一种专业输入方法。可是，最快的并不是最好的，而是最合适的才是最好的。

因为五笔字型输入法必须要求使用者长期使用，日不离手才能保证其巅峰状态，一旦几周、几个月不用，即使专业输入人员也会技能衰退。而普通人使用一种输入方法，并不需要这么快的输入速度，也不可能做到每天都大量使用这种输入方法进行电脑中文输入，一旦几天不用，便记不住那些字根和拆字规律了。

所以，普通人的输入方法有两种方案是最合适的：一种是针对20世纪70年代以后出生的人，他们一般都系统学习过汉语拼音，普通话也普遍比较标准，他们可以学习汉字拼音输入法，这也是现在处于绝对优势地位的输入法；而另外一种则是针对20世纪70年代以前出生的人，他们的汉语拼音水平较差，普通话推广也较弱，发音不够标准，他们最佳的中文输入方式是使用手写板进行手写输入。

首先，我们重点介绍主流的拼音输入法。拼音输入法有专门的程序，在Windows中有自带的智能拼音输入法，其图标在任务栏的右下角，是一个蓝色的方块或是一个键盘图标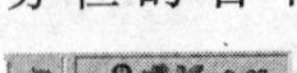

，但是，这个智能拼音确实不够智能，其使用也不是很方便，笔者推荐大家安装搜狗拼音输入法，这是目前最好用的输入法之一。大家可在购买电脑时要求商家为你安装或到网上下载安装，这是一款免费软件。安装的方法很简单，和前面介绍过的应用软件安装方法一样，只需要一路点击“下一步”就可以顺利完成安装。安装完成后，最好做一个小工作再继续使用，那就是取消掉Windows原带的那些不实用的输入法，仅保留这个新装的搜狗拼音输入法，这样在使用中会更加方便。取消方法是：把鼠标指向屏幕右下角的输入法标志，点击鼠标右键，选取设置，就会跳出如下一个对话框：

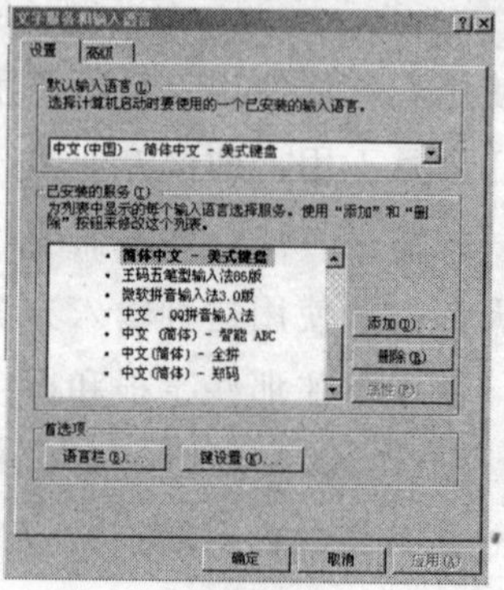

分别点选除了搜狗拼音输入法和简体中文-美式键盘这两项以外的其他输入法，点击旁边的删除，把除了这两种输入法以外的全部删除，最后点击确定退出。

如此一来，输入法界面就非常干净了。

使用搜狗拼音非常简单，只要我们在任何需要输入中文的时候，用左手按住键盘左下角的Ctrl键，右手按一下空格键（Ctrl+空格），这时就会切换到搜狗拼音输入法，再次重复这个动作就会退出搜狗拼音输入法，恢复到英文输入状态。此外，也可以按住Ctrl键后按Shift键进行这个切换动作。

使用搜狗拼音输入法的时候，一按下拼音的字母，拼音就会显示在一个长条框中，上面是输入的拼音，下面是相应汉字的提示。你可以检查拼音输入是否正确，如果输入错误可以用退格键删除。把一个字的拼音输完后会在下面的长条框中显示许多汉字，前面还有数字1~5，按哪个数字就可以选哪个字，如果是1，也可以直接按空格键进行选择。如果拼音正确输完了，但在汉字窗口中没有你需要的汉字，这时按一下加号键，就可以到下一页，往回翻用减号键。这样直到找到你需要的汉字为止，再用数字键将其选择出来。

事实上，使用拼音输入法，如果用单字输入的话，速度是非常慢的，每个字都要在庞大的备选字中去选择。使用拼音输入法一定要学会进行词组输入，那样效率就会提升很多。即使需要输入一个单字，也可以将它组词后再输入，然后删除不需要的那个字，这样也比输入单字来得快。而且，我们推荐的搜狗拼音输入法，其智能之处就在于它的学习能力，只要是你经常使用的字或词组，它就会默默地记住，并慢慢将它的排序提升到前面。所以，我们使用这种输入法时间长了，基本上就是输入词组和点击空格键的动作，很少出现还要用数字键去选择的情况。这样一来，速度自然就快了。笔者一年几十万字的作品就是用这个搜狗拼音敲出来的，这绝对是一种非常实用的中文输入法。

搜狗拼音输入法除了能输入中文以外，也可以输入中文标点符号。敲击键盘上相应的英文符号，它就能自动把这些英文符号转换成中文式的标点符号，如把小点变成句号。这里需要注意的是，中文的省略号在6的上面（按住Shift键）、而顿号则是敲击反斜杠键，很多朋友使用多年电脑都不知道这两个符号在哪里输入哦！

有时候，我们在中文输入的过程中也需要输入几个英文字母。大写字母可以直接按住Shift键后再按字母或点击一下Caps Lock键转换成大写字母后再输入，不过要记得输入完大写英文字母后再点击这个键恢复到中文状态哦。小写字母则可以先点击一下Shift键，临时转换成英文状态，再进行输入，输入完成后再点击一下Shift键回到中文状态。当然，使用Ctrl+空格转换为英文状态也可以，不过要麻烦点。还可以用鼠标在输入条的左边那个“中”字上面点一下变成“英”字，也可以输入小写字母。

只要你小学学习拼音的时候没有“打瞌睡”，再搞清楚了上面这些东西，电脑拼音汉字输入就没有什么问题了。

虽然拼音输入法有着会者不难，不用不忘的优点，但是，我们使用电脑的人群中还有大量群体是属于不会拼音或普通话不标准，难以用拼音输入法准确、方便达到中文输入目的。这些群体，如果没有特别的要求或想做专业中文录入人员，可以考虑选择手写输入法。

手写板

什么是手写输入法？那就是想办法让你像写字一样把中文汉字“写”到电脑里面去。其实，这是一个很简单的技术，就是通过一种叫做数位板或手写板的电脑外部配件，把你手写字的痕迹传送到电脑中，电脑再把这种痕迹和它字库中早就录入的手写痕迹进行对照，判断出你写的是哪一个字，从而达到把手写转换成文字，达到中文输入的目的。目前，很多手机的中文录入方式也采用了这种方便的手写方式，只要你会写字就能进行电脑中文录入。而且，一旦你熟练使用了中文手写录入，电脑也能在使用的过程中充分学习你的手写习惯，加上联想词组的运用，电脑手写录入绝对不比正常的手写或电脑拼音录入的速度慢。笔者的父亲在15年前就开始接触电脑，用手写的方式进行文字录入，目前著书立说数十本，几千万字，均是这手写板之功劳！

目前，我国开发电脑手写录入最成功的产品就是汉王笔和蒙恬笔，均拥有非常成熟的手写识别技术，具有速度快、识别率高、价格实惠、功能齐全的优点。我们在这里就重点介绍汉王小金刚手写笔的安装及使用。

汉王小金刚手写笔是汉王笔中一款比较低端的产品，价格在300元左右，非常实惠。汉王小金刚手写笔的外观，就是一个像鼠标垫一样的小方板，它前面有两根线，一根连接在电脑任何一个USB接口上面，另外一根连着一只手写笔。将连接线插入电脑USB接口后，电脑就会提示你发现USB设备，这时把手写笔配带的安装光碟放入电脑光驱，等候它自动跳出安装界面，再按照安装提示，一路点击“下一步”即可完成安装。完成安装后，你在手写板上移动手写笔，就会发现手写笔完全具有鼠标的功能，你指到哪里，电脑屏幕上的鼠标光标就跑到哪里，手写笔的鼻尖向下点击就等同于鼠标左键，而笔身上的小按钮则是鼠标的右键。有了这支手写笔后，完全可以不用鼠标了哦。

安装完成后，桌面上会多出一个标志，这就是手写笔运行的标志。双击这个标志（或单击“开始”—“程序”—“汉王手写笔”—“汉王笔常用指令”也可）运行后就会在屏幕的右方出现一个相同的标志，不过这个标志不是用来点击的，而是一个手写笔的快速启动标志。只要把光标移动到这个标志处，就会跳出如下对话框：

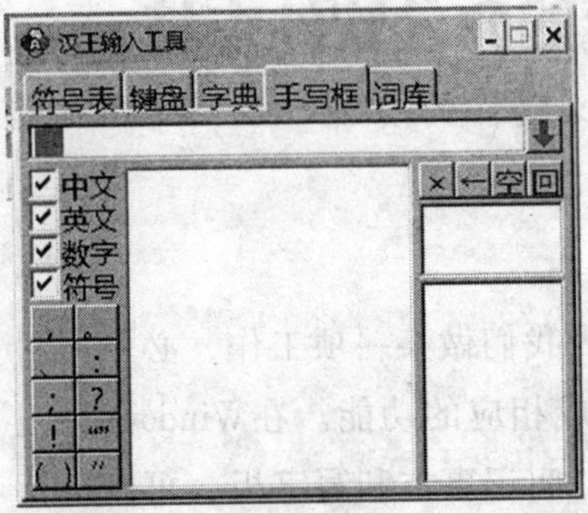

在这个对话框中就可以完成手写笔的所有功能。上面那一栏的“符号表”、“键盘”、“字典”等都是功能选择，我们一般主要使用手写框来进行中文输入，也常用符号表来输入一些生僻的中文符号。一般的常用符号在左下方已经有了，直接点击即可。左边那些在“中文”、

“英文”、“数字”等前面是否打钩是表示手写时候识别的类，如你要写英文，就仅仅在英文前面打钩，这样，无论你写的什么，电脑都只会按照英文来识别，这样可以提高识别的准确率。但一般而言，我们都是全选的。中间那一大片白色空间就是我们写字的地方，每写完一个字，电脑就会把识别出来的第一个字显示在上面红色光标处，如果显示的字与你想写的字不符，就可以在右上角的小框中出现的候选字中进行选择修改。而下面那个小框是联想栏，会根据你写的字进行组词，一般使用手写笔越久，组词的功能越实用，因为它会学习你的用词规则，将你常用的词组显示在最前面。比如笔者写一个“现”字，后面就可以接着连续点击出“现代农民科学素质教育丛书”这一词组，非常方便，可以大大加快我们手写输入的速度。

写完你需要的字后，点击上面的绿色箭头，所写的字就会自动输出到你需要它输出的地方，当然，你在开始手写之前就要将鼠标光标放在你要输入的地方（如文本编辑软件中需要输入文字的地方）点击一下，否则电脑可不会聪明到知道你的想法啊！

为电脑加上主流的办公软件支持

——MS Office软件的安装

我们已经知道，要让电脑为我们做某一项工作，必须给它添加相应的应用软件，用来完成相应的功能。在Windows系统中，提供了自带的两件小工具，叫记事本和写字板，可以进行一些简单的文字编写工作（可以通过点击“开始”—“程序”—“附件”—“记事本”或“写字板”打开相应程序)。相对来说，记事本就是一件完成文字录入和记录的小工具，只能简单地排列一下段落、字体，基本上是纯文本的工具，不能进行一般必要的编辑功能。而写字板要好一些，有一些简单的编辑符号，可以完成简单的带有各种编辑格式及符号的文本制作，不过其功能非常简单，不能制作略微复杂的文本作品。

所以，我们一般在安装电脑的时候，都会安装一个叫做MS Office的软件。这个软件是由开发Windows系统的微软公司开发的，是目前全球最主流的办公软件，具有强大的编辑功能及通用功能，正是因为这个重要的通用功能，在不同电脑上制作的办公文件可以相互流通使用，我们大家都要学习这个软件的应用，才能很好地处理日常办公事务。市面上有很多所谓的办公自动化培训学校，其实质就是学习该软件的应用。

要学习Office的使用，我们首先要学习MS Office的安装，当然，如果你的电脑已经装有MS Office就可以跳过这段，继续下一节。

MS Office的安装需要专用的安装光碟，我们以MS Office 2003为例来演示MS Office软件的安装过程。

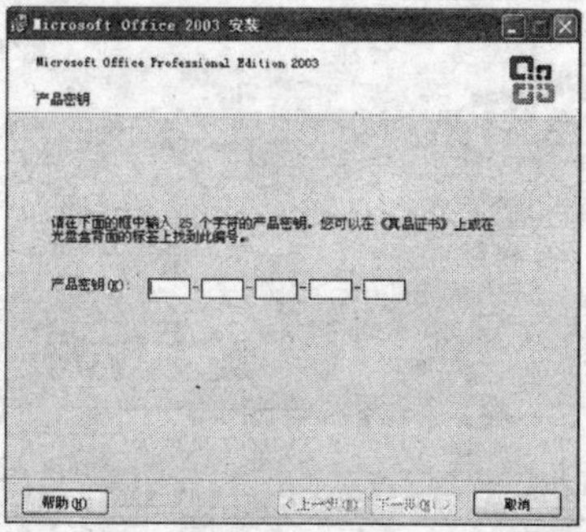

首先，将安装光碟放置到光驱中，经过一段时间的读碟和运行后将自动弹出右图所示的窗口。这个窗口是对MS Office软件版权的验证。这时候你可以把MS Office软件包装盒上面的一段四组25位的CDKEY录入到产品密匙后面的相应位置，点击“下一步”继续安装。

当你的软件密匙验证通过以后，就会弹出一个窗口，需要你在里面添加你的用户名及单位等信息，这样可以在你以后制作的MS Office文件中出现你的标记。添加完成后继续点击“下一步”。

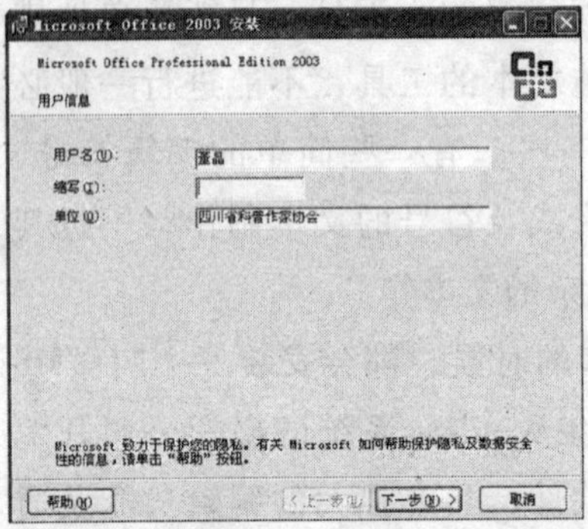

这时候会弹出一个MS Office的软件使用协议，你必须在“我接受《许可协议》中的条款”前的方框中打上钩以后才能继续点击“下一步”。

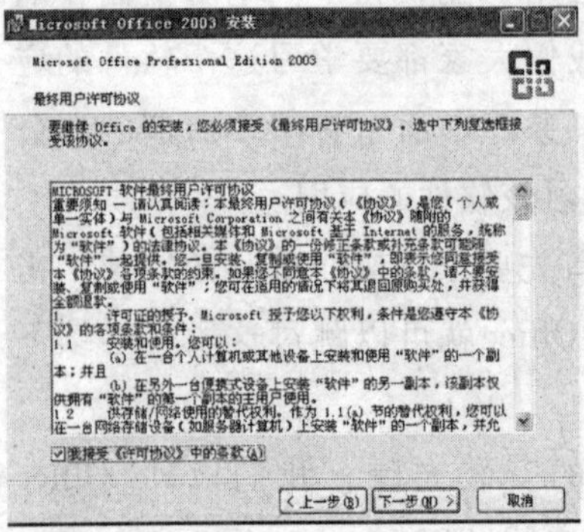

之后安装软件会提示你选择安装模式。有最小安装、典型安装、自定义安装和完全安装。其中，最小安装只安装最常用的功能，占用硬盘空间最小，在我们使用MS Office的过程中，一旦遇到未安装的功能和部件要被使用时，系统会提示你插入光碟，这在实际应用中比较麻烦，只有以前在电脑硬盘空间比较宝贵的时候才采用这种安装方式，一般不推荐初学者使用；典型安装则是比最小

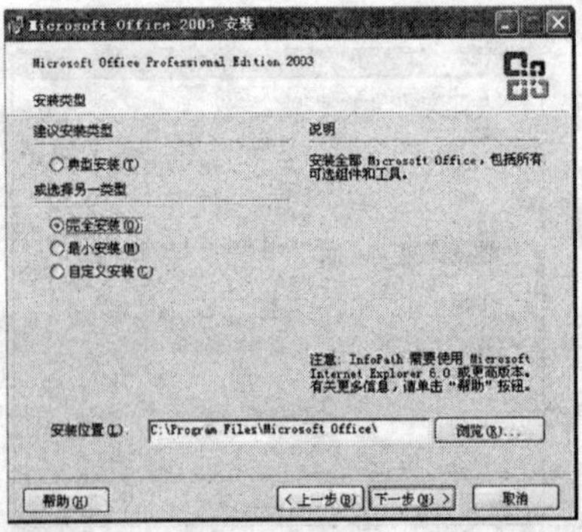

安装增加了一些相应的较为常用的功能，但是依然存在和最小安装一样的问题；自定义安装则是推荐对MS Office和电脑应用非常熟悉的人，可以最细致地选择自己需要的MS Office功能，从而有针对性地选择安装，这种安装模式一般都是电脑高手采用的模式，也不推荐初学者使用；最后，我们初学者能选择的就是完全安装模式了。尽管完全安装模式比较占用硬盘空间，约750M，但是在硬盘廉价的今天完全不是问题，反倒能方便初学者安装和使用MS Office，是初学者最好的选择。

选定安装模式后，点击“下一步”就正式进入MS Office软件的安装过程了，等待几分钟，安装即可完成并跳出右图所示窗口。

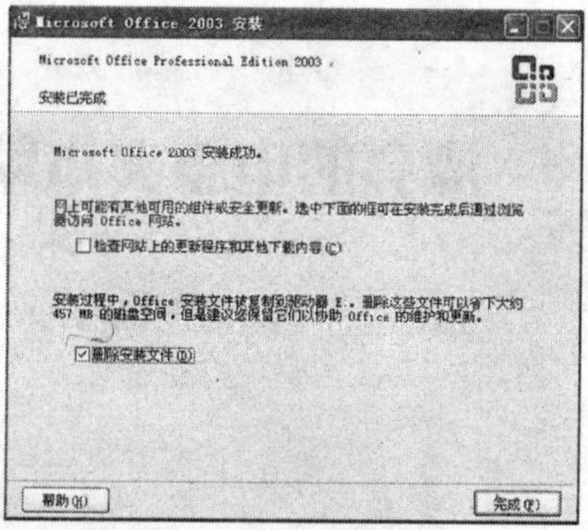

在这里，一定要点击“删除安装文件”后再点击“完成”按钮，这样就不会在电脑中产生一个几百兆的安装备份文件，可以节约很多空间。

至此，MS Office软件的安装即告完成，点击“开始”—“程序”，就可以看见里面的Microsoft Office目录了，再点击进去就可以看见我们需要经常使用的几个软件：Word、Excel、Powerpoint、Outlook以及几个我们目前不需要使用但在将来熟悉电脑后有可能用到的软件Access、Infopath 、Publisher。

其中，Word是用来进行文字处理的，也就是关于文字编辑的软件，是最常用的Office软件；Excel则是表格工具，可以制作账本、各种带计算公式的表格、管理小工具等等，非常实用也非常好用；Powerpoint则是一款幻灯片制作和播放工具，可以把产品演示做成展示幻灯片，在很多公众展示场所及教学场所都有很大的作用；最后，Outlook则是收发电子邮件的好工具，可以很方便地帮助我们管理邮件及联系人资料，并可以和一些手机相连，还能进行名片互换、手机号码备份等功能呢！下面，主要教会大家使用MS Office中的Word软件的功能，这也是我们在日常生活中使用最多的功能之一，也是本书比较重要的学习内容，其他的MS Office功能大家可以通过专门的书籍进行学习。一旦学会Word这个软件的应用，电脑入门的学习任务就完成大半了。

漂亮的电脑文本就是这样做出来的

——文字处理软件的使用

（学习使用MS Word软件进行文档处理）

平时使用电脑，文字处理是用于辅助我们工作的最常用功能。无论要写个什么文件、做点简单的网页或者对网上下载的文字内容进行编辑处理，都要用到文本编辑软件。在MS Office中，文本编辑一般都是用MS Word来完成的，它可以让我们很方便地编写文稿、信件、报告、报表以及其他和文字有关的文档，甚至还可以做简单的网站。可以说，Word软件是一般电脑使用者最常用也最熟悉的应用软件。

认识MS Word窗口

当安装完MS Office后，我们就可以通过点击“开始”—“程序”—Microsoft Office—Microsoft Office Word 2003进入MS Word界面，如下图。

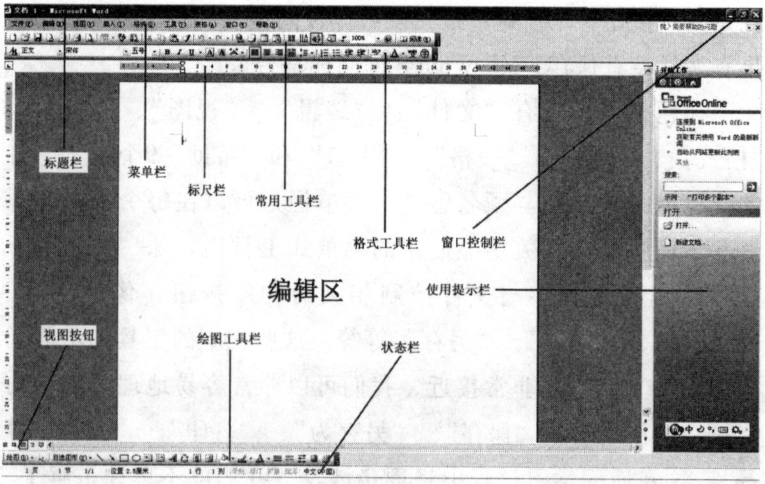

我们一个一个来认识这些MS Word的基本运用工具。

从上往下看，左上方叫标题栏，其作用是显示你现在正在编辑的文件的名字，如我们现在编写的是巧用电脑，就会在标题栏显示相应的文件名称（当然，这名称是在存盘的时候为该文件取的名字）及现在运行的软件名称等信息。而最前面的这个是MS Word的标志，单击它还可以打开一个下拉菜单，其中提供了一些MS Word的窗口控制命令，和整个窗口右上方的窗口控制栏的功能一样，能够控制窗口放大、缩小、最小化、关闭等功能，一般我们会采用右上方的快捷按钮来完成这些功能。其中，窗口控制栏中从左边数起，第一个按钮为最小化按钮，单击它就能把整个MS Word窗口最小化到Windows下面的状态栏里面；第二个按钮为最大化按钮，单击一次可以在最大化（也就是占满全部屏幕的模式）和自由窗口模式（也就是可以通过对边界的拉伸来调整MS Word窗口的大小）之间转换，不过，这个功能也可以通过双击标题栏和窗口控制栏之间的空白部分来完成，这也是我们平时比较方便而常用的方法；最后一个按钮就是关闭按钮，单击这个按钮就可以关闭整个MS Word窗口，如果有文件没有保存，MS Word会询问你是否保存。

标题栏下面写有“文件”、“编辑”、“视图”、“插入”、“格式”、“工具”、“表格”、“窗口”和“帮助”9个中文字符的一栏就是菜单栏。顾名思义，菜单栏是可以在每个中文主题任务下面再拉出相关功能按钮的菜单式工具栏。如“文件”下面就可以拉出很多与文件控制相关的功能按钮，像“打开”(新文件)、“保存”、“另存”等等。这些相应的工具的功能都与它们的文字意思非常接近，我们可以非常容易地理解部分功能按钮的作用（如“保存”、“另存为”、“打印”、“关闭”等等），这在后面学习过程中将逐步涉及，我们就不单独讲解了。电脑初学者可以通过对每一个按钮的实际操作来摸索掌握它们的作用，实在不清楚的，也可以随时按下F1按钮，调出使用提示栏（也就是帮助菜单），在搜索栏输入你需要了解的功能按钮的名字，MS Word自带的帮助系统就会非常详细地为你讲解这些功能按钮的作用。我们建议初学者现在就按下F1按钮（键盘左上方第二个按钮），进入使用提示栏，把菜单栏里面的每一个功能按钮的名称都录入到搜索中去找寻一下，看看它们的功能是什么，再按照这个帮助提示自己去操作几遍，很快就能明白绝大多数特别是常用的功能的作用了。这也是学习MS Word功能的最简单的办法。如下页图，就是演示的搜索“打开”这个功能命令给出的解释，够详细了吧，相信大家都能很轻松地理解并学会这些功能的运用。不过，这是在联网状态下的搜索，这比单机状态下的帮助功能就解释得详细多了。

在菜单栏的下方是常用工具栏和格式工具栏，它们和MS

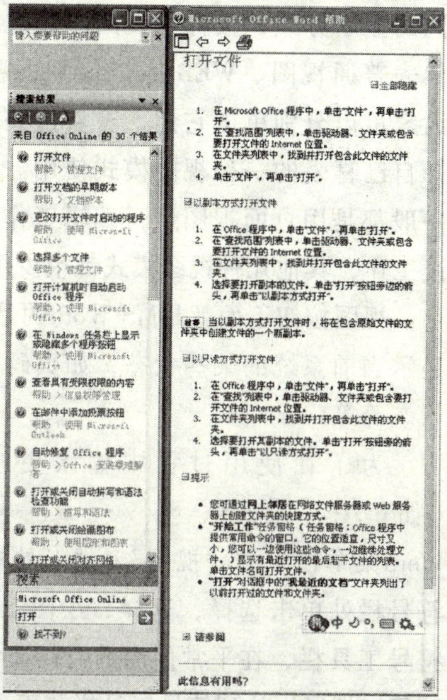

Word窗口下方的绘图工具栏一样，都是经常在实际中需要使用的，其中包含的功能都能通过菜单栏来实现。之所以把它们单独放在这里就是因为它们的常用性和方便性。比如在编辑文本的时候，经常需要用到文字居中、打开、保存、打印、字体调整、颜色选择、撤销操作等功能。如果在需要使用的时候，每一次都要去菜单栏里面选取，非常烦琐而且耽误时间。现在，只需要相应的点击这些小图标就可以完成这些本来需要好几个步骤才能实现的功能，为我们快速进行文字处理提供了很大的方便。初学者学习这些快捷工具栏的使用方法同样可以通过F1帮助菜单。

工具栏的下面是一片空白区域，这就是我们日常进行文本输入和编辑的主要区域，叫编辑区，它就相当于即将写字的纸，只不过这张纸几乎没有边界，而且可以随意修改，我们即将在后面学习的各种编辑功能都可以在这个区域得到实现。

编辑区的上方和左方都有一排刻有刻度的长条，这就是标尺栏，其作用是对编辑的文本进行位置定位，是我们进行对齐、居中等工作时的参照，以排出漂亮规范的文本文件。

编辑区的下面则是视图按钮。MS Word的文档在窗口中有不同的显示方式，被称为视图。而这五个视图按钮从左到右分别代表普通视图、WEB版式、页面视图、大纲视图和阅读版式。大家可以分别单击它们，看看这些视图到底有什么不同，再选择自己喜爱的一种视图模式使用。不过，为了使用方便，我们一般都是用页面视图进行编辑工作，使用阅读版式进行文件阅读工作，其他几种视图模式都很少用到。

视图按钮下面就是MS Word的最底部了，叫状态栏。它用于显示当前系统的某些状态，如页码数、行列的情况、插入/改写状态等等。

为了在使用过程中输入更多特殊而常用的中文符号（如……、【、¥、§、‰、$、——、】等等），最好使用MS Word菜单栏中的“视图”—“工具栏”，在下面倒数第二个选项符号栏处单击选择，这样，绘图工具上面就会出现一排相应的符号工具栏，在平常使用的时候非常方便。为了窗口布局美观，还可以把鼠标放到符号工具栏前面，当它变成一个四向箭头的时候，点击鼠标左键不放，将符号工具栏拉动到与绘画工具栏右边相连接，这样就可以把两个工具栏连接在一起，放置在MS Word窗口的下方。最后形成如下效果的MS Word窗口下方工具栏。

MS Word文档的基本操作

新文档的建立

至此，我们已经基本了解了MS Word窗口的各个部分，接下来，我们将学习如何利用这些窗口功能进行文本录入及编辑工作。同时，这也是一个熟悉MS Word各种功能的过程，大家可以一边学习一边操作，碰上不懂的功能就查询帮助菜单。笔者可以保证，随着后面内容的展开和实践，掌握MS Word很快就能实现。

首先，我们要学会的是如何建立一个新的文档，这是MS Word最基本也是最重要的操作。因为不能建立一个新的文档就意味着你不能进行后面的任何操作。

建立新文档的方式主要有两种，一种是运行MS Word后直接点击常用工具栏的第一个按钮——新建按钮。这种方式很简单也很方便，可以在任何时候使用，包括在编辑其他文件的时候随时建立一个新的文件。但是，这样建立的新文件是没有任何附加功能的，如果你不是很熟悉MS Word操作，但是又想很快做出一个漂亮的MS Word文档，还可以用另外一种方式建立新文档，那就是模板方式。

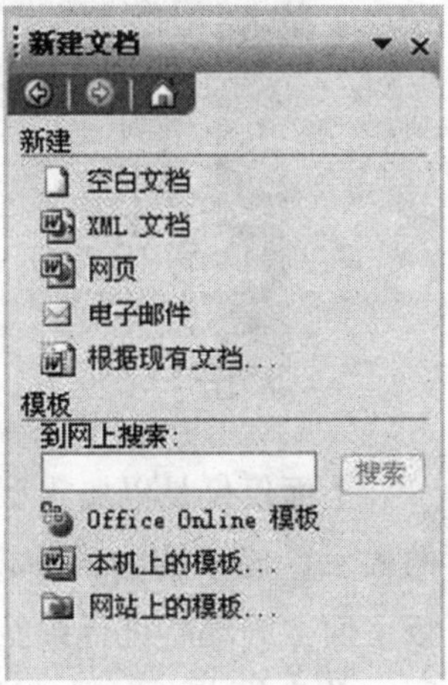

当我们单击菜单栏中的“文件”下面的“新建”按钮时，会在产生一个新页面的同时在MS Word窗口右边出现一个模板菜单栏，如右图。

单击本机上的模板，会跳出一个对话框。

根据字面意思，我们可以很容易地找到当前需要建立的新文件的基本类型。如我想写一封信件，就可以点选“信函和传真”，此时将跳出如右图的窗口。

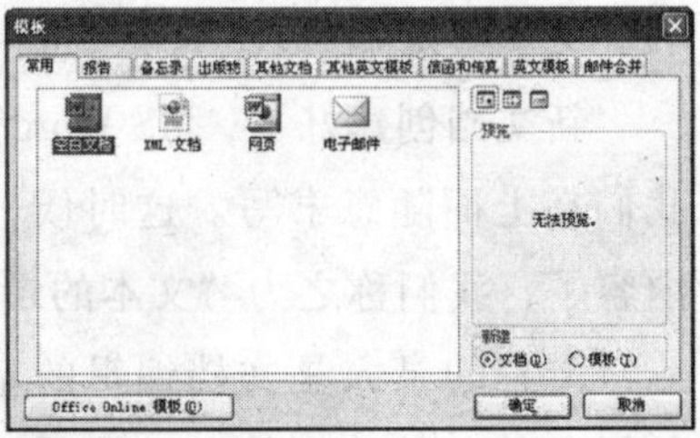

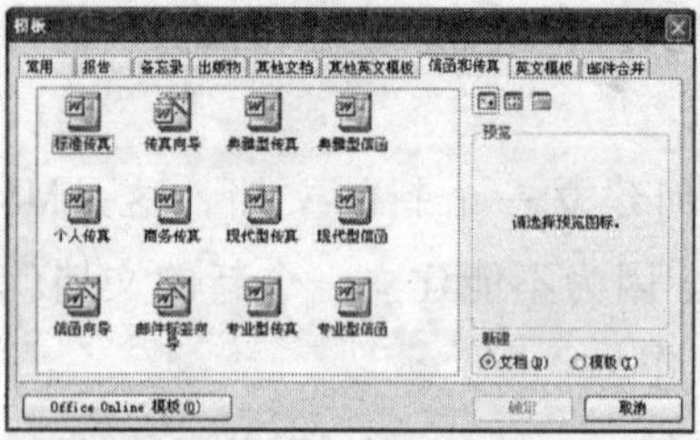

单击“典雅型信函”后选取“确认”就会马上生成一个非常漂亮的信函模板，如左图。

这时只需要按照这个模板的提示，将里面相应位置的内容替换成我们需要的内容，就很容易做好一份非常专业的信函文件了。

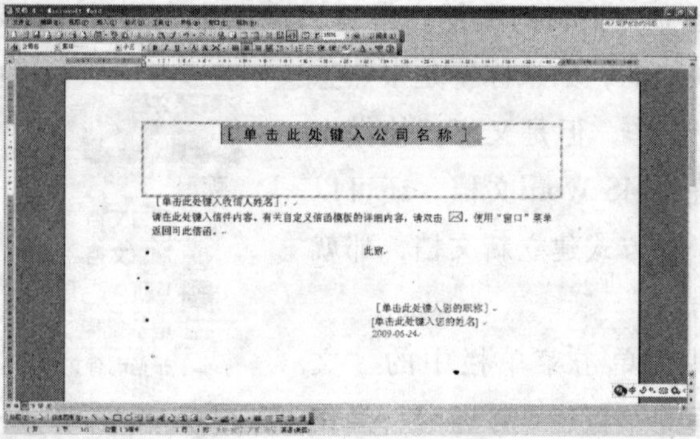

上面仅仅是以典雅型信函为例说明了如何根据MS Word模板的提示，轻松建立各种模式的新文档。大家可以根据对其他模板字面上的理解进行试验，看看MS Word设计的各种模板有何不同，并为将来顺利利用这些模板为自己制作漂亮的文档文件打好基础。

文本的基本录入

新文档创建好了，MS Word窗口看起来就像一张白纸，等待我们在上面随意书写。这时候，就需要我们在这张白纸上输入内容了，我们称之为“文本的录入”。

文本的录入是文档编辑的基本操作，也是进行文本编辑的前提条件。其输入的工具就是键盘或前面讲到的手写板，其中输入的方法就是拼音、五笔或手写录入。

在开启MS Word文档后，有一条闪烁的短黑竖线，这就是我们所说的光标位置。无论是用哪一种输入方法进行文本录入，都要先将光标定位到需要录入内容的地方。光标的定位既可以用鼠标直接点选，也可以用键盘上的方向键来定位。这也就是我们常说的即点即输的功能，也是MS Word率先发明的方便功能。特别值得注意的是，在Web视图状态下，使用即点即输功能可以在文档的任意位置输入文本，并不一定非得在一行的开头才可以开始录入。不过，我们一般使用的页面视图模式，还是要从每行的开头开始录入的，只是可以通过空格键来移动开头的光标位置到任意位置。

确定了文本录入开始的位置后，我们就可以按照前面学习的方法转换到自己熟悉的中文输入方式，把文字、词组或符号输入到MS Word文档之中。

录入中的改写和插入

在录入的过程中，我们可以通过点击键盘上的Insert键或双击MS Word状态栏的“改写”字样来完成插入和改写的转换。当处于插入状态的时候，MS Word状态栏的“改写”显示灰色状态，在任何文字中间的光标处录入内容都将是插入到这个光标位置，后面的其他内容只是进行位移处理，而不会被覆盖掉；当处于改写状态的时候，MS Word状态栏的“改写”显示黑色状态，我们在任何内容的前面录入的内容都会覆盖后面原有的内容，从而起到改写的作用。

所以，在平时进行录入时，一定要注意这个“改写”状态的情况，否则一不小心就会把自己需要的内容给“改写”掉了。不过，即使偶尔出现这样的失误也别着急，我们可以通过点击常用工具栏的撤销按钮来取消刚才的操作，恢复被覆盖的内

容。同样，在做了错误的撤销动作以后，我们还可以点击它旁边的恢复按钮把这个撤销的动作再恢复回去。以后，我们在MS Word及其他很多软件中都会遇到这两个快捷功能键，其作用都是把失误的操作修改回去，这在很大程度上方便了我们大胆地进行实验性操作和效果对比工作。如果大家能深刻理解和熟练运用这个小功能，不仅有利于我们大胆学习电脑操作，还可以在关键的时候为我们避免很大的损失。

如何录入符号和特殊字符、特殊数字

在文本录入的过程中，我们难以避免地要遇到符号和特殊字符的录入。前面已经讲过，当把符号工具栏调出来并放在MS Word窗口下方的时候，这个问题已经基本得到了解决。如果是一般的常用符号，这个符号工具栏已经提供给我们了，如果遇上特别的符号或字符，如希腊字母、拉丁字母、俄文字母等等，我们就需要调用菜单栏中的符号工具来完成这项工作。

单击菜单栏的“插入”—“符号”，将看见右图所示的窗口弹出。

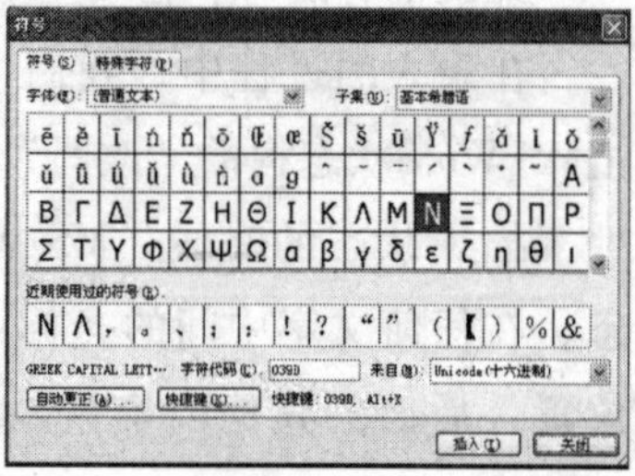

如果是录入特殊的各种字母或符号，就在里面选择希望寻找的特殊符号类型，在字体中选择你希望输出的字体，点击中间出现的你需要的字母或符号即完成特殊符号的录入。在这里，基本上你能想到的各种稀奇古怪的符号和字母都能够找到，只要它是真实存在的。毕竟，电脑的记忆是庞大而近乎无穷的，是人脑在这方面所无法比拟的。

如果是一些比较特殊的中文字符，我们可以点击“特殊字符”选项，将跳出这些相关内容及它们的快捷录入方式，我们可以在这里点选这些特殊字符，也可以在这里学习它们的快捷方式，从而帮助自己学会快速录入它们的方法。

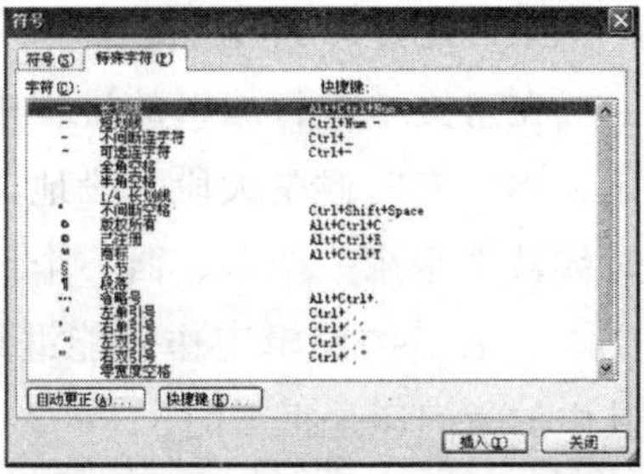

如果要录入一些特殊的数字形式，如i、ii、iii等，则可以点击菜单中的“插入”—“数字”，将跳出如下窗口，进行相关形式选择后即可输入。

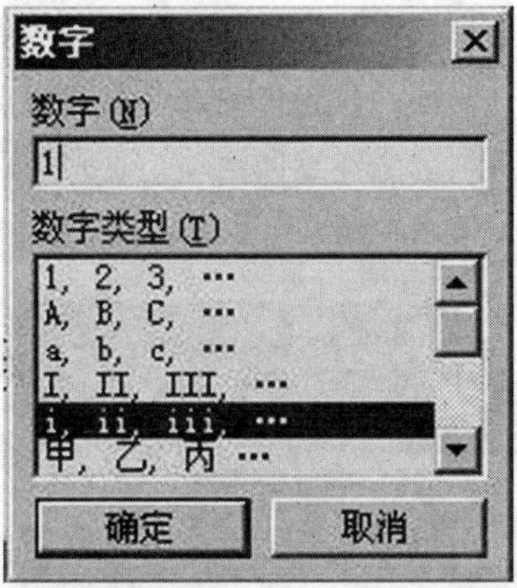

在MS Word中，录入日期也有专门的方法。一种就是简单地直接录入几月几号，在录入中就会跳出当日的年月日提示，敲击回车键即可完成输入。要录入不同格式的日期，则要单击“插入”—“日期和时间”，将跳出如下窗口，进行相关选择后，就可以录入你希望的日期及时间格式了。在这里要特别注意一个小功能，那就是“自动更新”选项。如果我们在录入时间的时候选择了这一项，那我们录入的就是一个动态的时间，这个时间将伴随着电脑时间的变化而变化。所以，在要录入明确时间的时候一定不能点选这一项。

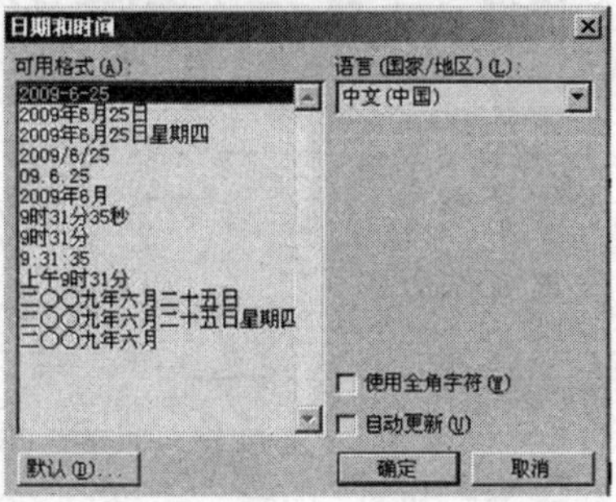

如何进行文本的选定操作

在对文本进行编辑的过程中，做得最多的工作之一就是选定文本。有时候是大段大段地选，有时候是小节小节地选，有时候甚至是东一个字、西一个词地选。只有选好了自己需要的文本，后面的编辑工作才能继续下去。别小看这个文本选择，其中的学问还是很多的。

文本选定的方法有很多种，如鼠标拖曳、键盘选定等。其中最简单易行的是用鼠标拖曳的方法来选取文本：把光标移动到需要的位置以确定选取开始点，按住鼠标左键不放并向需要选取的文本方向拖动，直到终点为止，松开鼠标即可看见被选定的内容呈反白状态，如下图所示：

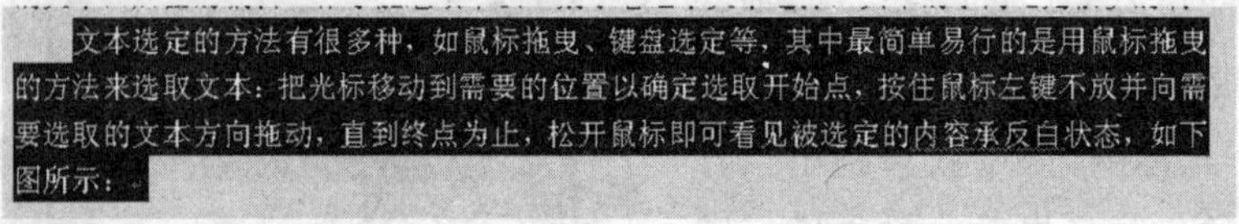
文本选定的方法有很多种，如鼠标拖曳、键盘选定等，其中最简单易行的是用鼠标拖曳的方法来选取文本：把光标移动到需要的位置以确定选取开始点，按住鼠标左键不放并向需要选取的文本方向拖动，直到终点为止，松开鼠标即可看见被选定的内容承反白状态，如下图所示：

用鼠标来选定文本也有好几种方法，一种就是刚才所述的连续拖曳选定，还有一种是首先用鼠标点选开始节点，之后按住键盘上的Shift键，再用鼠标点击选定文本的结束节点，这样就能选定这两个节点之间的内容。这种方法比较适合大范围选定，因为若用鼠标拖曳法将拖曳很久才能完成任务，其间一不小心选定就作废了。

此外，在需要选定非连续文本的时候，可以用鼠标拖曳配合Ctrl键来施行：按住Ctrl键，使用鼠标拖曳法选定一段你需要的文本，松开Ctrl键，滚动鼠标滚轮，找到另外一段你需要的文本，再按住Ctrl键，继续选定这段文本，以此类推，可以在一篇文档里面选择很多个不同位置的文本片段。这是我们在日常应用中经常使用的方法，其效果如下图：

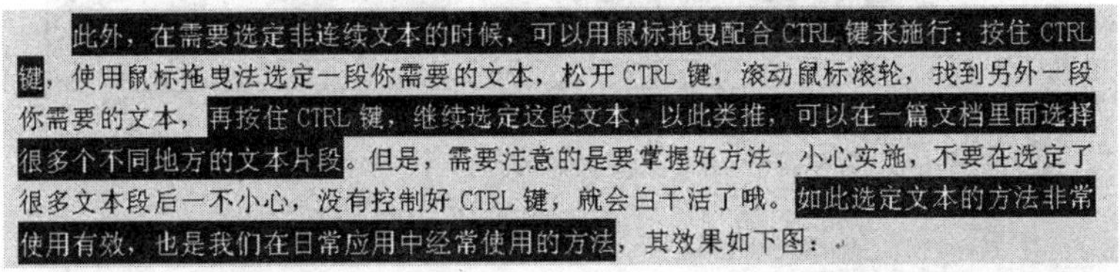
此外，在需要选定非连续文本的时候，可以用鼠标拖曳配合 CTRL 键来施行：按住 CTRL 键，使用鼠标拖曳法选定一段你需要的文本，松开 CTRL 键，滚动鼠标滚轮，找到另外一段你需要的文本，再按住 CTRL 键，继续选定这段文本，以此类推，可以在一篇文档里面选择很多个不同地方的文本片段。但是，需要注意的是要掌握好方法，小心实施，不要在选定了很多文本段后一不小心，没有控制好 CTRL 键，就会白干活了哦。如此选定文本的方法非常使用有效，也是我们在日常应用中经常使用的方法，其效果如下图：

但是，需要注意的是要掌握好方法，小心实施，不要在选定了很多文本片断后，一不小心没有控制好Ctrl键，就会白干活了哦。

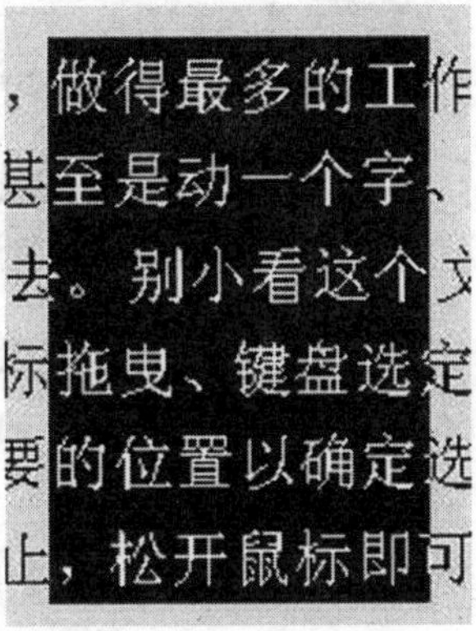

此外，还有一种选择垂直文本的方法。一般的文本选定方法都是按照横排的顺序来选定的，而这种方法则可以在整篇文档中把垂直部分的某一小段选定出来。这种方法和鼠标拖曳法类似，唯一的不同就是在拖曳的同时按住Alt键，你看，是不是就可以垂直选定文本了！

保存文档

好了，已经学会了如何录入文本和选定文本，现在务必再学会一个非常重要的功能，那就是保存文档。我们不仅要学会如何保存文档，更要养成经常及时保存文档的习惯，以免在电脑死机、停电等突发事件发生时，因为没有保存而前功尽弃。

保存文件的操作很简单。第一次保存文件，单击菜单栏的“开始—保存”，就会跳出以下窗口：

在标志1区域选择文件存储的路径，也就是你要把这个文件存储在哪一个地方，如我的电脑中的D盘下面的现代农民素质教育丛书目录中；然后在标志3的区域录入你要保存的这个文件的

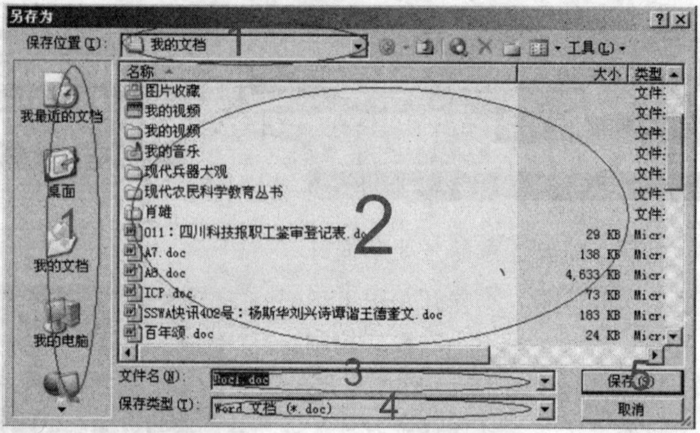

文件名字；再在标志4区域选择文件保存的类型，一般我们可以不做选择，采用默认的DOC格式，也就是MS Word的标准格式；最后点击标志5所在的“保存”按钮，即可完成保存工作。当然，如果你要选择一个已经存在的文件进行覆盖保存，也可以在使用标志1区域选定路径以后，在标志2区域直接找到这个文件，双击它或先单击它再点击确认。

当这个文件不是第一次保存的时候，在编辑的过程中随时可以通过点击常用工具栏中的左数第三个功能按钮进行保存；也可以通过点击菜单栏中的“开始”—“另存为”进行更名保存，其具体操作与第一次保存一样。

打开和关闭文档

当我们把文档做到了一定的程度，但还没有最后完成，却必须离开去做别的事情的时候，就可以用保存文档的功能把文档保存在硬盘或U盘上，以便下次继续工作。那么，下次来继续这个文档的编辑，就不能再使用新建的功能了，而应该用打开文档的功能。这个功能按钮在常用工具栏的左数第二个位置，点击它或点击菜单栏的“文件”—“打开”，就会跳出如下窗口：

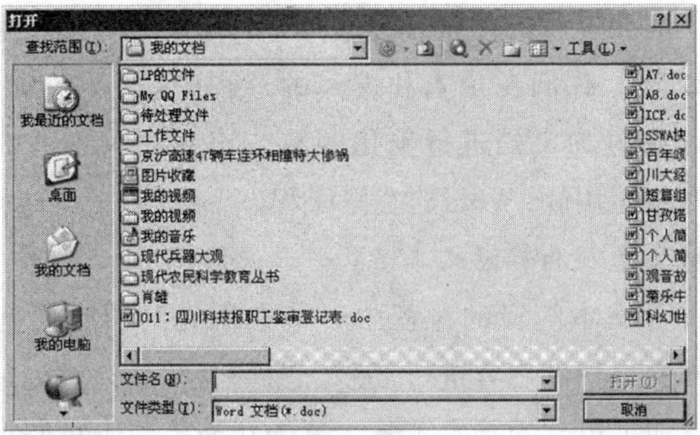

如同前面学习的保存文档的方法一样，我们通过对这个窗口的操作，找到以前保存这个文档的目录及文件，双击它或单击鼠标右键后点选“打开”，就可以完成这个文件的打开工作了，曾经编辑的文件就将在MS Word窗口中展现于我们面前。

除了在MS Word窗口里面可以这样打开文档以外，在Windows提供的“我的电脑”这个资源管理器中也可以完成MS Word文档打开的工作。只需要双击桌面上的“我的电脑”，通过硬盘分区及目录选择操作，找到我们要打开的这个文件，双击它，就可以一步完成MS Word程序启动及打开这个文件的工作。这也是我们平常使用较多的一种操作方法。

以上这些内容就是MS Word软件有关文本处理的一些基本功能，学会这些就可以进行简单的文本录入及编辑工作了。接下来，我们需要学习的将是进一步对文本进行编辑和美化的工作。

MS Word文档的基本编辑及美化

知道了如何初步运用MS Word进行文本录入和编辑还不够，还应该使文档尽可能的美观，让别人看见漂亮、整洁、层次丰富的文档文件。这就要求我们对文本进行适当的编辑和美化处理，这也是对初学者MS Word运用的基本要求。

除了前面讲解的用模板建立MS Word文档可以产生较好的美感效果以外，我们在录入和编辑的过程中还有一些小技巧和小操作可以随时为文档进行美化调节，这些都属于基础的编辑指令，是熟练运用MS Word的必修课程。

剪切、复制和粘贴文本

在进行文本编辑的过程中，最常用到的功能就是对同一文本或不同文本中的内容进行复制、剪切、粘贴，这也是调用网页材料进行加工组合的基本工具。这个功能等同于我们平时的剪报或段落文字组合工作，这在编辑过程中是使用最频繁的一个功能。

在MS Word中，剪切、复制和粘贴文本是非常简单而方便的，因为MS Word为我们提供了一种叫做剪贴板的工具，其具体功能的说明可以在帮助菜单中去搜索。这里，我们主要教给大家一种基本的操作方法，学会了这种基本操作方法，大家就可以举一反三，发散运用。

假设我们现在要对文字进行编辑工作，如把本节第一段移到第二段后面，那么首先运用前面学习过的选择功能，拉动鼠标，选择需要操作的文本部分，如下图所示：

剪切、复制和粘贴文本

在进行文本编辑的过程中，最常用到的功能就是对同一个文本或不同文本中的内容进行复制、剪切、粘贴的工作，这也是我们调用网页材料进行加工组合的基本工具。这个功能等同于我们平时的剪报或段落文字组合的工作，这在编辑过程中是使用最频繁的一个功能。

在 MS WORD 中，达到剪切、复制和粘贴文本是非常简单而方便的，因为 MS WORD 为我们提供了一个叫做剪贴板的工具，其具体的功能我们可以在帮助菜单中去搜索他的详细解释。这里，我们主要教大家一个基本的操作方法，学会这个基本操作方法，大家就可以举一反三，发散运用，达到各种各样的运用功能。

选择好要操作的文本后，将鼠标放在标黑的这部分文本，单击鼠标右键，此时将跳出一个窗口，里面包含“剪切”、“复制”和“粘贴”等选项。如果用鼠标左键单击“剪切”，则这一部分被选择的文本将变成阴影状态，表示它们已经被放入一个临时空间——剪切板之中。当你在需要放置它们的地方发出“粘贴”指令后，原来的文本将消失。这个功能也可以通过点按组合键Ctrl加X来实现；如果我们单击的是“复制”，则被选择的文本不会发生变化，从而达到复制的目的，这也是与“剪切”的不同之处。这个功能也可以通过点按组合键Ctrl加C来实现。

无论是剪切还是复制，都只完成了动作的一半。我们还必须在需要剪切到或复制到的文本位置先单击鼠标左键确认位置，再单击鼠标右键，选择弹出窗口中的“粘贴”，最终完成被选择文本的剪切及移动或复制。这个功能也可以通过点按组合键Ctrl加V来实现。下图就是我们做了前面选择的文本部分的复制动作后的效果：

剪切、复制和粘贴文本

在进行文本编辑的过程中，最常用到的功能就是对同一个文本或不同文本中的内容进行复制、剪切、粘贴的工作，这也是我们调用网页材料进行加工组合的基本工具。这个功能等同于我们平时的剪报或段落文字组合的工作，这在编辑过程中是使用最频繁的一个功能。

在MS WORD中，达到剪切、复制和粘贴文本是非常简单而方便的，因为MS WORD为我们提供了一个叫做剪贴板的工具，其具体的功能我们可以在帮助菜单中去搜索他的详细解释。这里，我们主要教大家一个基本的操作方法，学会这个基本操作方法，大家就可以举一反三，发散运用，达到各种各样的运用功能。

在进行文本编辑的过程中，最常用到的功能就是对同一个文本或不同文本中的内容进行复制、剪切、粘贴的工作，这也是我们调用网页材料进行加工组合的基本工具。这个功能等同于我们平时的剪报或段落文字组合的工作，这在编辑过程中是使用最频繁的一个功能。

其实，在平时运用的过程中还可以采用更简单的鼠标拖动来完成这个功能。鼠标拖动主要针对某一连续文本进行操作。实现鼠标拖动完成剪切及粘贴很容易，只要按住鼠标左键不动，在选择了一段文本后松开鼠标左键，再把鼠标指向被选择的文本中的任意位置，点下鼠标左键不放，直接移动鼠标到你需要剪切及粘贴的新位置，放开鼠标左键即完成了剪切及粘贴这段你选择的文本的动作。而用鼠标拖动复制则比剪切多一个动作，就是在拖动被选择文本的时候，按下键盘上的Ctrl键不放，直到拖动复制完成即可。

学会剪切、复制及粘贴后，我们就可以非常随意地对文本中的各种内容进行删改、复制、位置调整等，也可以很方便地进行文本与文本间的部分文字相互交换及组合。熟练使用这个功能对提高编辑效率非常有效。

查找和替换

我们在编辑文本的时候，经常会出现这样的情况，需要找到大篇文档中的某一段文本。如在这篇文章中我们要寻找剪切、复制及粘贴的相关文本，通过鼠标的滚动我们当然也能最终找到这段文本，但是可能会花很多时间，眼睛也受不了。

MS Word为我们提供了一种实用的小功能，叫查找和替换。查找就是完成对指定文本内容的查找，这个功能和Windows的搜索功能类似，只是它局限于一个文档中的内容而已。

我们单击菜单栏的“编辑”—“查找”，就会跳出以下窗口：

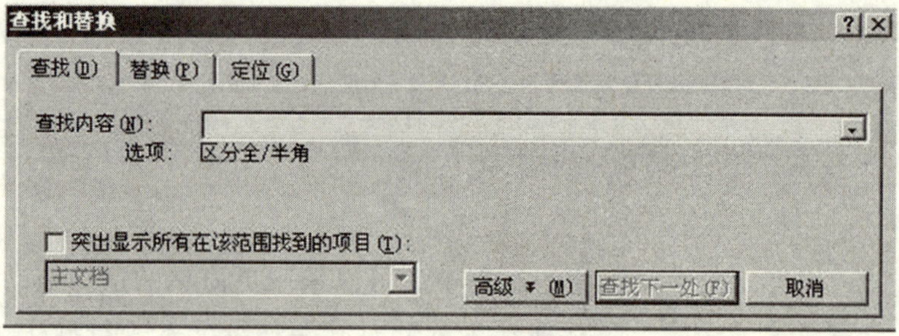

在查找内容旁边的输入栏录入你要查找的内容，再点击下面的“查找下一处”按钮，电脑就能很快找到文本中第一个符合条件的位置。如果是你需要的结果就可关闭这个窗口，完成查找动作；如果不是，则继续点击“查找下一处”按钮，直到找到你需要的文本为止。

在编辑一个文本文件的时候，可能会遇到这样的情况，某一个词组或名字弄错了，需要在全文档中全部修改，这时候，一个一个地找到这些词组或名字进行修改是一件非常麻烦的事情。我们可以通过查找升级功能——替换来轻松完成这个工作。

同样，我们点击菜单栏的“编辑”—“替换”，将跳出如下窗口：

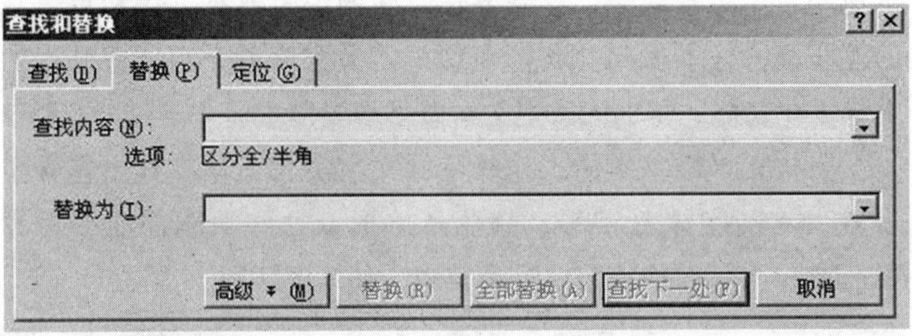

在查找内容栏中填上需要替换的词组或名字，然后在“替换为”栏里填上替换后的词组或名字，点击下面的“全部替换”按钮，就能很快对全文本的相关词组或名字完成查找及替换工作，效率是非常高的。

撤销操作

在编辑文本的时候，特别是在大范围执行剪切、复制、替换等动作的时候，常常会出现误操作的情况。出现误操作别怕，MS Word为我们提供了一件小工具叫“撤销”，它能帮助我们瞬间将错误改正。这件小工具在菜单栏的编辑选项中的第一项，点击它就可以撤销刚刚执行的误操作。这个功能也可以通过快捷键Ctrl加Z来执行。而且，在常用工具栏中也有它的身影。我们可以通过点击它来执行撤销动作，还可以多次点击撤销多个动作。

不过，大家需要注意的是，这个撤销动作只对文本编辑及录入的动作有效，针对存盘、文件删除等操作是无效的，千万别认为反正有撤销功能，我做什么都不怕，实际上还是有很多操作是不可以撤销的哦。

设置字符格式

如果一篇文档都是千篇一律的字体、色彩和大小，肯定会显得很呆板，没有层次感。好的文档层次丰富、效果多样但却不花哨、不哗众取宠。这需要长时间的编辑熟练过程和审美观的逐步提升才能做到。我们在这里给大家简单介绍一些基本的文本美化功能，帮助大家把文本做得多姿多彩而并不过分花哨。

美化文本最基本的工作就是做文字美化工作，其中包含了设置文本的字体、字号、颜色及字形。这些功能都能够通过Word窗口上部的格式菜单栏来实现，如下图所示：

其中，区域1就是字体调节工具，点击旁边的小三角形就能产生一个下拉菜单，其中会出现很多各种中英文字体供你选择。其实现方式是通过前面讲述的选择动作选取需要调整字体的内容，再点选这个字体功能快捷菜单，点选我们需要的字体就可以立即把选择的文本内容转换成相应的字体了。至于你应该选择什么样的字体，一般情况下，文本的标题都选择黑体，而正文选择宋体或仿宋，特别突出的引号或括号内的内容可以用楷体以示区别，而个性化的签名、诗歌、留言条等可以用点舒体、行楷等书法字体。当然，具体怎么用主要还是要看你所制作的文本的性质和你个人的爱好及审美观念了。

区域2则是进行字号大小的转换。一般平常的文档都是使用二号字做文章的主标题，使用三号字或小三号字做栏目标题，使用五号或小四号字做正文。当然，还是那句话，个人的爱好和文章的性质很关键，需要什么字号要根据实际情况灵活选择。

区域3的三个功能符号主要是对字形进行控制。**第一个加粗的“B”字符号是加粗符号，在选择文本后点击这个符号会在现有的字形和字号基础上加粗（如本段文字所示）**，*而倾斜的这个“I”符号则是给选择的文本进行倾斜处理，达到斜体字的效果（如本段字所示）*，最后一个加下划线的“U”字符号则是给选择的文本整体加上下划线，以示重点的意思（如本段字所示），而且旁边的小三角选项还能弹出下拉菜单，给出不同的下划线方案以供选择（如本段字所示就是选择的其他下划线）。

区域4则是对选择的文本进行颜色设置处理，通过点击旁边的小三角标志可以弹出下拉菜单，其中提供了各种预选色待选，也可以点击“其他颜色”选项进行自主配色和无极变色选色，选好后点击确定即可（如本段文字即进行了颜色设置处理，与全文的黑色形成鲜明对比）。

此外，在区域4还有个常用按钮是字符缩放按钮。进行部分字符缩放可以通过点击Word窗口上方的格式工具栏中的 A 这个快捷按钮，点击旁边的小三角形弹出下拉菜单，选择字间距比例进行调整。这个工作既可以在选择需要修改的文本段落后进行，也可以先点选好，后面录入的文本就自然按照这个设置进行了（本段就是按照选择150%字间距录入的）。

以上就是对文本中的文字进行基本处理的简单功能，一般情况下的文本美化，用到这些功能也足够了，还有一些较少使用的字符功能，大家可以通过尝试点选来体会它们的含义。别怕，大胆实验，不对就用撤销键！

段落格式调整

单独字符的外观还不足以使文本产生美观的效果，还需要对整段的文本进行效果处理，最基本的功能包括设置字符间距、进行段落缩进的设置、调整行间距和段间距。

字符间距是指字符间的距离。通过调整字符之间的距离，可以改变一行文字的字数，这是文档编辑中常用到的功能。我们可以先选择需要调整字符间距的文本部分，点击常用工具菜单栏的“格式”—“字体”，调出字体菜单，如右图：

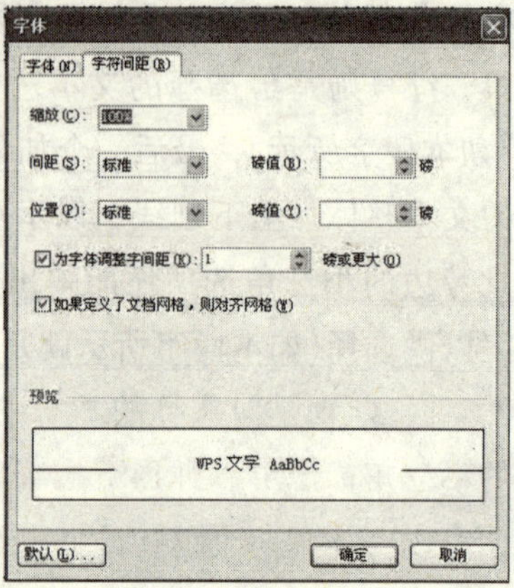

点击“字符间距”，就可以对相关的数值进行设置，其效果在预览栏可以看见。当然，除了有特别要求的文档以外，我们一般选择默认的设置就可以了。

段落缩进设置主要是为了解决一篇文档段落格式统一的问题。我们常常看见一些文档，各个段落参差不齐，出现段落错位的现象，这就是段落缩进不统一或不同文本在相互拼接时设置不同造成的。要解决这个问题，就可以通过调整文本的段落缩进设置来处理。

点击常用工具菜单栏中的“格式”—“段落”，会跳出如下窗口：

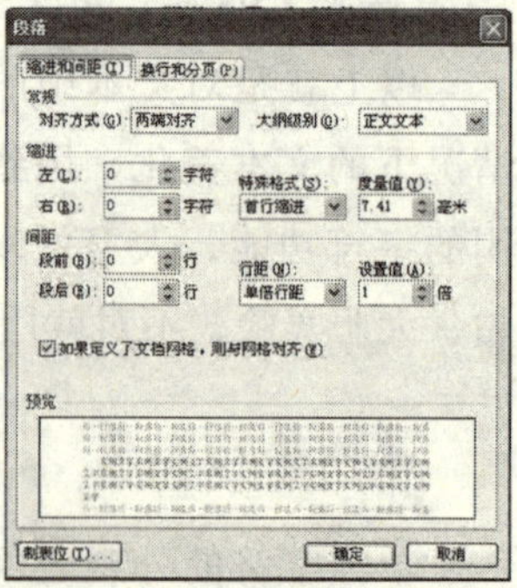

调整各项数值就可以产生不同的效果，大家可以选择一段文本，试着对这些数值进行修改，看看有什么不同的效果。注意，这里的间距是可以设置行距的，可以影响被选择段落的行与行之间的间隔，这

与后面讲解的行距调整有异曲同工之妙。

此外，段落缩进的调整还有个快捷方法，就是通过按住鼠标左键拉动Word窗口上方的标尺栏中的相应按钮来调整。

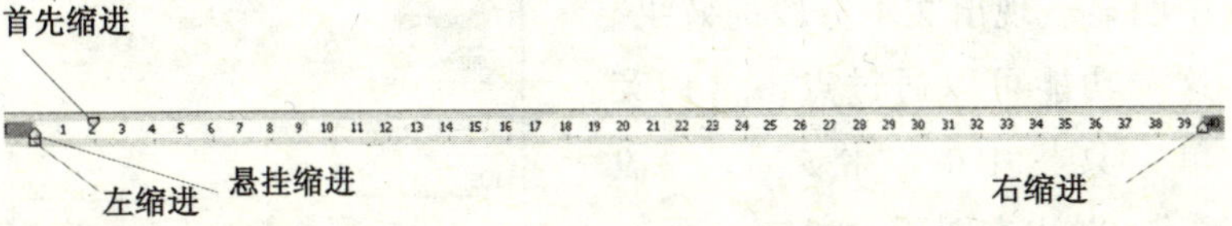

如上图所示：

拖动左缩进按钮可以缩进段落的左边距离页面左边的距离；

拖动右缩进按钮可以缩进段落的右边距离页面右边的距离；

拖动首行缩进按钮可以调整首行缩进位置，也就是段落第一行由左缩进位置向内缩进的距离，中文习惯首行缩进一般为两个汉字的宽度；

拖动悬挂缩进按钮可以调整段落每行的第一个文字由左缩进位置向内侧缩进的距离，这个悬挂缩进多用于带有项目符号或编号的段落，以便相同级别的段落排列整齐。

调整好段落的左右缩进以后，还有个上下的问题需要处理，那就是行间距和段间距的设置。

所谓行间距就是行与行之间的距离，一般情况下不需要调整，但是在做一些例如申请表、报告单、计划书等公文类文件的时候，为了页面美观，一般都要调整这个行间距。在我们选择了需要调整的段落之后，点击常用格式工具栏上的行间距调整标志，点击旁边的小三角形按钮，就能看到行间距下拉菜单，通过选择不同数值来设定行间距。正常情况下选择1.0，要增加行间距可以选择更大的数值（本段采用2.0的行间距）。

而段间距则是每一段文本之间的距离，这个距离与行间距选择不同的数值可以在文本中明显表现出文本分段的效果。这个功能可以通过点击常用菜单工具栏中的“格式”—“段落”，跳出右图所示窗口：

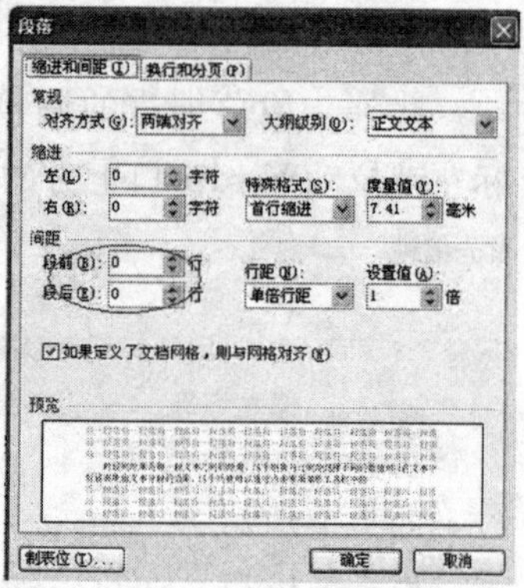

在这个窗口中修改段前、段后两项数值，就可以在段落之间加上较大的空白，以示区别。

以上这些就是我们在做段落调整和编辑美化的过程中常用的一些小功能，熟练使用不仅能美化页面的外观，还能提高我们对文档的处理速度。

设置边框和底纹

在Word文档中，为选定的文本添加边框和底纹，可以对文章的内容起到强调和突出作用，在很多文档应用中都要采用这个功能。

为Word文档添加边框和底纹最便捷的方式是使用格式工具栏上面的“字符边框”按钮和“字符底纹”按钮，但是这两个按钮在默认的MS Word安装中不会出现在格式快捷工具栏中，我们需要在菜单工具栏中点选“视图”—“工具栏”—“自定义”，将弹出右图所示窗口：

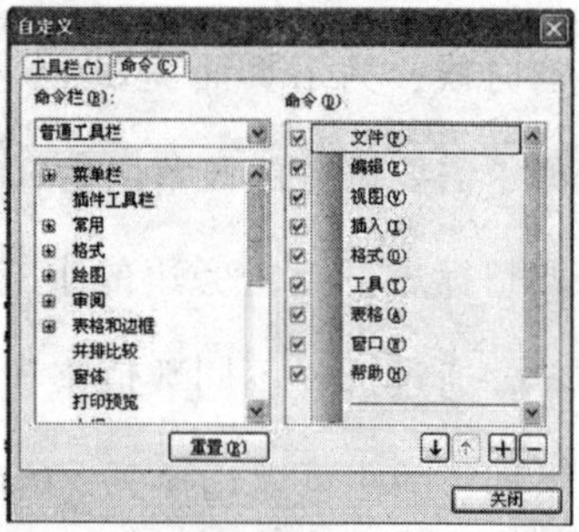

我们在左栏中选择格式选项，右栏中选择下方的+号，

点击后会弹出如右图所示的窗口：

在这里再在左栏中选择“其他格式”，右栏中选择第一个选项“字符边框”，选完后点击“确定”，就可以把“字符边框”快捷按钮添加到格式工具栏中。再重复以上操作，把“字符底纹”按钮也添加到格式工具栏中，关闭这个窗口后，我们就可以在格式工具栏看见多出两个按钮 A A，这两个按钮正是“字符边框” A 和“字符底纹” A 工具的快捷按钮。这个添加快捷按钮的方法也可以应用到Word中其他快捷按钮的添加中，大家可以试验把各种不同的工具添加到快捷工具栏中。

有了这两个按钮，我们要给选定的文本添加边框或底纹就非常方便了，只要先选择需要添加边框或底纹的文本后点击这两个按钮，就能添加相应的边框和底纹，大家可以试着操作这两件小工具，看看效果如何（本段文字就是添加了边框和底纹的效果）。

不过，这样的快捷方式添加的边框和底纹是系统默认的模式，要想获得各种样式的边框和底纹，还需要在菜单栏去调出边框和底纹的命令，进行详细的选择和调整后才能产生多样化的效果。

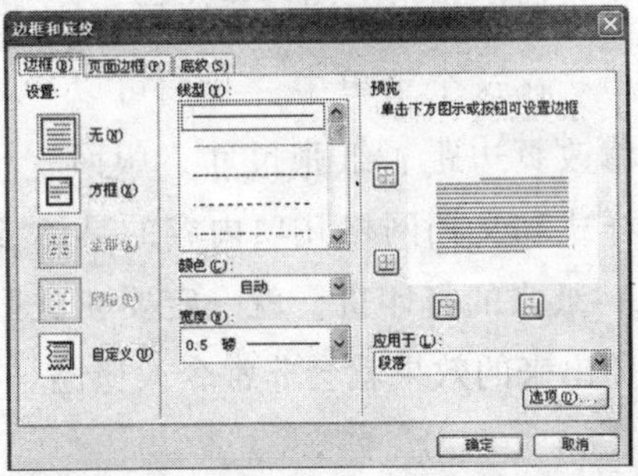

点击菜单栏中的“格式”—“边框和底纹”，将弹出右图所示窗口。

在这里我们就可以对选定的文本的边框和底纹进行非常详细的设置，而且还可以通过这个窗口产生整个页面的边框哦！大家可以尝试在这里选择不同的边框和底纹方案，看看他们的效果有何不同（本段文字就是采用了特殊的边框和底纹效果的）。

设置页面格式

所谓页面格式的设置，其实就是确定我们是用什么样的“纸张”进行录入和编辑，其最终作用是把我们录入和编辑好的文档输出到相应的纸张之上。一般情况下我们都是用Word默认的页面格式，但这显然是不够用的，我们常常需要重新设置页面格式，以满足实际情况的需要。

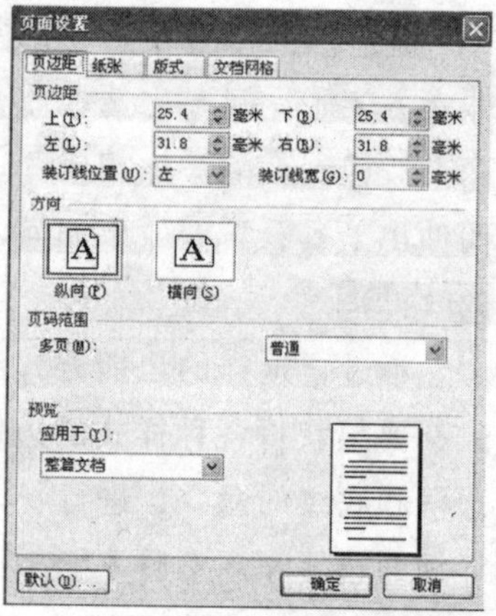

确切地说，页面格式的设置包含纸张大小、边框大小、一行的字数、一页的字数、字或行之间的距离等信息，这些信息在文本编辑和打印时具有非常重要的作用，我们可以通过点击菜单栏的“文件”—“页面设置”弹出右图所示窗口。

在这个菜单中，我们可以修改页边距、纸张尺寸、版面样式和文档网格几项内容的具体参数。比如我们使用的如果是A4纸张的打印机，就一定要在这里把纸张设置成A4纸，否则打印出来的效果就会非常令人遗憾。

比较高级的Word应用

学会并熟练操作了前面所讲的这些Word功能后，我们基本上能够比较轻松地完成一些基本的文档处理工作了，但是，这还不够，我们还必须学会一些相对比较高级的功能，才能令我们做出来的文档完美而实用。这些功能包括在Word中的表格制作、Word中图片的基本操作及最终输出文本内容的打印功能这三大方面。

Word中的表格制作

在Word中做表格有多种方法，但是主要是两种，一种叫绘制表格，一种叫插入表格。绘制表格的操作要繁琐一些，但是功能非常齐全，而插入表格则可以用非常便捷的方式做出简单的表格。作为初学者，在表格方面建议大家不要偷懒，最好跟随本文一同学习如何绘制表格，以后才能在应用简便的插入表格时了解表格生成的机理，再配合绘制表格达到各种各样的表格应用目的。

绘制表格时，我们可以点击菜单栏的“表格”—“绘制表格”，这时你会发现原来的鼠标光标由箭头变成了一支铅笔的模样，同时Word窗口上方的快捷工具栏增加了一排如下工具：

这些工具就是表格工具，这个工具栏也叫做表格工具栏，在后面的表格制作中我们将通过这些快捷表格工具绘制实用方便的表格。

现在，我们来开始尝试绘制表格。首先在表格工具栏

处选择好要使用的表格外框的线条选项，也就是线条的粗细如何，然后从需要绘制表格开始的地方按住鼠标左键不放，拉动鼠标，这时变成铅笔形状的鼠标光标就会随着鼠标移动，我们便可以通过拖动的方式来绘制表格。很简单，记住一点，按住鼠标拖动时首先绘制出的是一个四边形的虚线框，记住，这是整个表格的外框线，当我们放开鼠标的时候，虚线框变成了实线（前提是我们选择的线条类型是实线的前提下）如下图：

外框确定下来了，现在可以在里面利用鼠标绘制出横线、竖线（注意，一定要从表格的中间点击鼠标左键不放，生成单根虚线后才松开鼠标左键），如果需要绘制斜线，也可以同样绘制。画得如果不理想，可以通过撤销按钮取消操作或通过表格工具栏上面的擦除按钮来修正表格。需要注意的是，在绘制的时候，一定要等到所需要的线变成虚线且位置确定下来之后再放开鼠标，效果如下图：

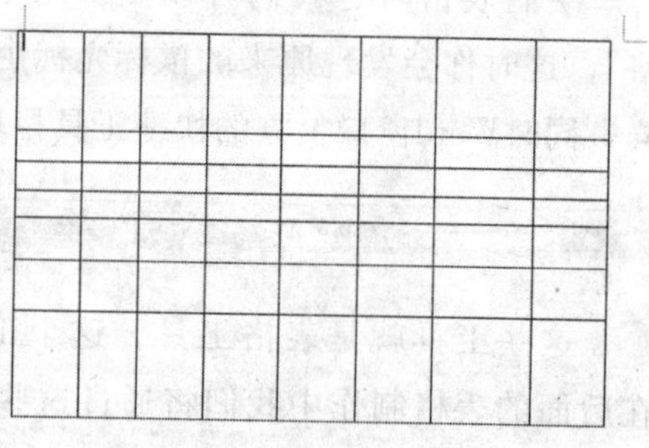

这个绘制出来的表格像很多初学者绘制的一样，看起来总是很别扭，不用急着删除这样的表格，其实这是绘制表格普遍会出现的问题，接下来我们来讲进如何调整。

选定表格的所有单元格（鼠标从左上的第一个单元格选到右下的最后一个单元格或用相反的顺序，亦可以将鼠标移到表格左上端外框边缘的移动按钮上点击），然后在“表格和边框”窗

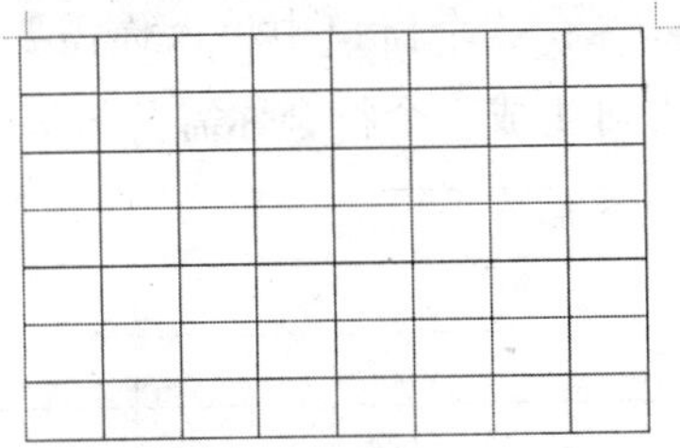

口中选择“平均分布各行”和“平均分布各列”来调整表格的行和列，然后我们再看表格，就已经成为了一个标准的表格了。

接下来我们可以根据自己的实际需要来调整具体的行高和列宽（比如某列要宽些，某行要窄些），我在这里为大家介绍一下调整方法。可以将鼠标移到行与行之间或列与列之间，当鼠标变成带双向箭头时，按下鼠标左键，然后根据自己的需要拖动表格线即可，但要记住当我们选定某一固定单元格时，我们拖动的只是那一个单元格的高度或宽度。

这样，一个通过绘制表格工具做出的一个简单表格就完成了。大家可以尝试着去试验表格工具栏中其他工具的作用，慢慢熟练后就能够把表格做得丰富多彩而美观大方了。

学会绘制表格的原理后，我们就知道了在Word中的表格是怎么产生的，实际上，在平时的运用中，使用更多的是通过插入表格的方式来生成标准表格。一些标准表格，通过插入表格来制作，将会快捷很多，但对一些复杂的表格，就可能需要综合运用插入表格和绘制表格两种方法来提高我们的工作效率了，简而言之，就是在插入的标准表格基础之上再用工具进行修改，如需添加线条则绘，如需去掉线条则擦。

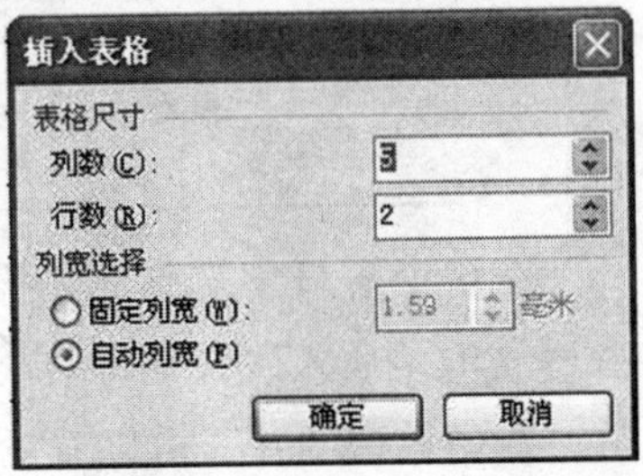

要插入表格，可以点击菜单栏中的“表格”—“插入”—“表格”，点击之后将出现如右图的窗口：

在这个窗口中填入你需要的表格的行数和列数，点击确定即可生成一个符合你需要的基础表格。

然后可以根据自己的实际情况再结合绘制表格进行具体调整，一个美观的表格就这么轻松地产生了。

Word中图片的基本操作

在做文档的时候，经常需要在其间插入一些图片，这样做出来的文档更完善也更美观。Word为我们提供了这样的图片编辑工具，可以通过点击菜单栏中的“插入”—“图片”，就可以看见来自文件的选项，点击“来自文件”，就可以看见如下窗口：

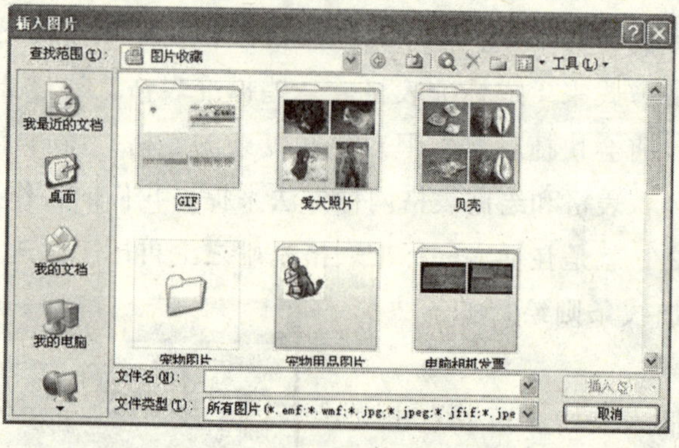

在这个窗口中选择我们需要插入的图片，双击该图片或单击后点击“插入”按钮即可将图片插入到当前的位置。插入之后，我们单击图片，可以看见图片的四角出现可以拖拉的小点，

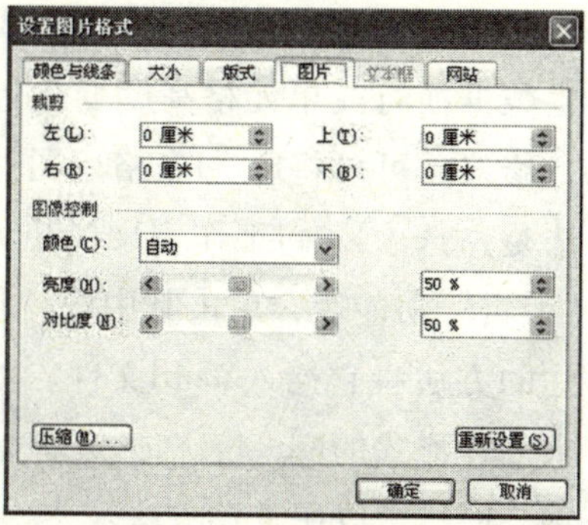

按住这些点拖动鼠标就可以调整图片到我们需要的大小。这样，一个简单的图片插入就完成了。要实现更丰富的调整，可以把鼠标指向图片，点击鼠标右键，选择“设置图片格式”，将弹出如右图窗口。

通过调整这个窗口中的各种参数，可以对图片的格式进行修正，以达到理想的效果。具体的各个调整项目的实际效果，我们可以通过尝试去感受，直到找到自己理想的效果为止。

图片在Word中的应用是一个非常复杂的问题，初学者只要掌握简单的插入及调整即可，下面我们介绍一些在Word中的图形图像应用的小窍门，大家可以学习掌握后提升自己在图片应用方面的能力。

不让图形位置随文字移动

当在Word中插入一些图形后，排版后常出现插入的图形会随段落移动的现象，但这样的情况有时候是我们不希望的。此时解决这个问题的方法是：选中文件中需要禁止移动的图片，单击鼠标右键打开快捷功能表，选择其中的“设置图片格式”选项，再单击“版式”选项卡中的“高级”按钮，打开“高级版式”对话方块中的“图片位置”选项卡，取消选择其中的“对象随文字移动”和“锁定标记”两个复选项，单击“确定”按钮即可生效。

快速插入图片表格

我们可以将Excel的表格插入到Word中，通常的做法是将它复制到剪贴板，然后再粘贴到Word文件里。这种做法存在一定的缺陷，例如表格中的数据格式受Word的影响会发生变化，产生数据换行或单元格高度变化等问题。如果不再对表格内容进行修改，可以将Excel表格用图片格式插入Word文件中，具体方法是：选中Excel工作表中的单元格区域，按住“Shift”键打开“编辑”功能表，单击其中的“复制图片”命令，即可按粘贴图片的方法将它插入Word文件。如果需要在图形处理等程序中插入图片形式的Excel表格，或者需要将Excel中的图表插入Word文件，同样可以用上述方法。

快速在图片上插入文字

只需在要加入文字的图片上新建一个文本框，在文本框内部输入要加入的文字，再在“设置文本框格式”中把线条色设置为“无”即可。

巧取Word中的图片

有时在他人的Word文件中发现有自己特别喜欢的图片，并想要把它保存下来，如果用复制后粘贴，得到的图片效果可能会比原图要差些。我们可以这样操作以得到最佳效果及单独文件：首先打开那个Word文件，选择“文件”—“另存为”选项后会弹出一个对话窗口，选择好文件名和路径后，从“保存类型”下拉功能表中选择“Web页”方式保存，完成后再去选择的保存路径下看看，此时会发现一个与选择的文件名同名的文件夹，进入该文件夹，此时所要的图片已在里面了，但要注意的是每个图都有两个图形文件对应，要选择那个容量大的图片文件。

Shift键让绘图更标准

在用Word及其他一些Office组件时，有时会画一些直线或者其他一些简单的图形，“Shift”键便可起到特殊的作用。如在绘图工具栏选择椭圆工具画一个圆，这样通常绘制不出标准的圆，此时可在绘图时按住“Shift”键便可画出标准的圆，同样在选择矩形工具时按住“Shift”键便可画出正方形，选中直线工具时按住“Shift”键便可绘出笔直的直线。

用图片替换文字

在使用Word时可以用文本替换功能把图片用文字来替换，可是在“替换为”文本框中却无法输入图片，也就是不能用图片来替换文字。虽然在“替换为”文本框中我们无法输入图片，不过可以试试以下方法来实现用图片替换文字：首先通过图片编辑软件（如系统自带的画图软件、Photoshop等）打开要替换的图片，然后在编辑区中选定该图片，再单击编辑界面中的“复制”命令（一般都有的）将图片复制到系统剪贴板上，然后在Word中选择“编辑”功能表中的“搜寻”选项，在弹出的对话方块中选择“替换”选项卡。在“搜寻内容”文本框中输入要替换的文字，并在“替换为”文本框中输入“^c”（其中c字符要小写），单击“替换”按钮后，Word就会自动以剪贴板中的内容替换“搜寻内容”文本框中指定的文字内容了，也就实现了用图片来替换文字。

文件中图片为何无法显示

出现这种现象的原因是在编辑这些图片时，不小心将这些图片的一部分放置或移动到了页面以外的位置。只要对这些图片重新进行页面设置，使它们全部位于页面范围之内，那么下次打开时就不会出现这种现象了。

在Word中转换图片格式

有时在编辑Word文件时要用到一些图片，可是有时图片太大了，而身边又恰好没有图片格式转换的软件，那么我们可以用Word来转换。如想把一幅BMP格式的图片转换成JPG或GIF格式，可以执行如下操作：首先新建一个空的Word文件，再执行“插入”操作，选择“图片”—“来自文件”选项，在弹出的文件选择对话方块中选择需要转换格式的目标图片文件，然后单击“插入”按钮完成；插入指定的图片后，还可以根据需要适当调整图片的大小以及位置，处理好后，选择功能表栏中的“文件”功能表项的“另存为Web页”选项，再输入文件名和保存路径，单击“保存”按钮后Word文件就转换为Web文件了。这样系统会自动根据原始图片的颜色多少，将其转换为JPG或GIF格式。

如何实现文本的打印

好了，我们学习了这么久的Word应用，应该可以做出漂亮的Word文档了，但是，我们还要想办法把它打印出来，才能实现Word文件的实用性，这就是Word的打印功能。当然，实现打印功能的前提是我们要有打印机哟！

要顺利实现打印功能，前提是要安装好打印机，这在前面章节中已经讲述。安装好打印机并对其进行相应设置后，我们就可以利用打印机的输出功能打印文件了。

在Word中执行打印功能有两种模式，一种是传统的通过点击菜单栏中的“文件”—“打印”打开打印管理器窗口，如下：

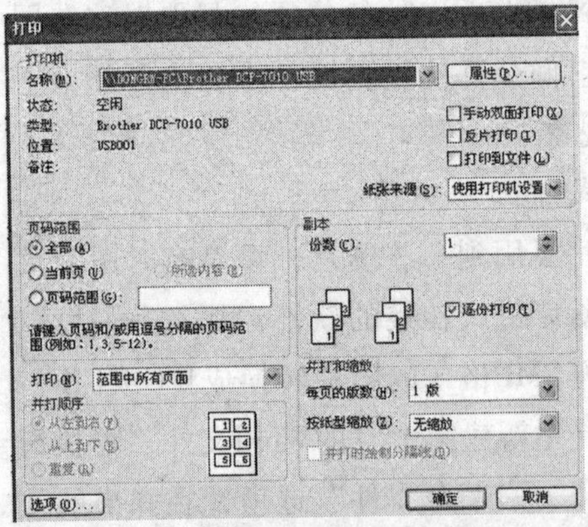

在名称处选择你要使用的打印机（一般都使用系统默认的打印机，无需另外选择），如果需要对打印的质量或纸张、色彩调整，可以点击旁边的属性窗口进行选择和调整，之后修改打印的页码区间及

打印份数后点击“确定”就可以进入打印流程了。

这种方式可以对打印的选项进行比较详细的选择和调整，适合对打印管理器比较熟悉的用户。一般，初学者也可以点击常用快捷工具栏中的打印功能快捷按钮来直接把文本送入打印流程，这样的打印模式就不能调节参数，直接把编辑好的文本按照我们看见的模样打印出来。

在打印的过程中，需要注意的是，首先要确定打印机的正常联机及驱动软件的安装，其次要保证打印机有足够的纸张和墨水供我们打印，最后在打印的过程中最好不要离开打印机，监控着打印机的输出，以免出现卡纸、打印中断等问题。

一般的初学者，只要能做好这些，简单的打印工作是完全能够胜任的，赶快去试试，你编辑的漂亮文章就可以变成印刷品了哦！

国货不比洋货差还免费

——国产免费正版Office软件金山WPS Office 2009介绍

稍微接触计算机早一点的国人，一定不会忘记在DOS时代流行的一种字处理软件叫WPS。20年前，那时候还没有MS Word给我们处理中文录入的问题，这个小小的在DOS状态下应用的中文字处理软件曾经风靡一时，其最大的优点就是提供了“所见即所得”功能。当时的主流字处理软件一般都只提供一个录入的窗口，录入时你眼睛看到的文字状态并不是最后输出的状态，其间夹杂着很多编辑语言、控制命令，不是专业的录入人员是根本搞不清楚的，一直到录入及编辑完成后，在预览功能中才能够知道你最后输出的东西是什么样子。“所见即所得”功能就意味着你录入的式样就是你输出的式样，可谓非常方便实用。如此优秀的一个中文字处理软件在后来微软的中文Word推出后慢慢地淡出了人们的视线，曾经很长一段时间没有看见过它的踪影。

不久前，一个网络广告把笔者这个比较怀旧的人带回了WPS Office 2009的世界。原因无他，一是支持国货，二是完全正版免费。不用不知道，一用吓一跳，如今的WPS Office 2009无论从哪一个方面来看都不弱于微软的MS Office，而且二者的操作方法、使用界面、文件格式完全相互兼容，只要会用MS Office，就可以马上转到WPS Office 2009中工作，没有任何障碍。更难得的是，从实用性上来看，WPS Office 2009比MS Office做得更好更精，更适合国人的习惯，就让笔者带你去看看WPS Office 2009是怎样的一个世界吧。

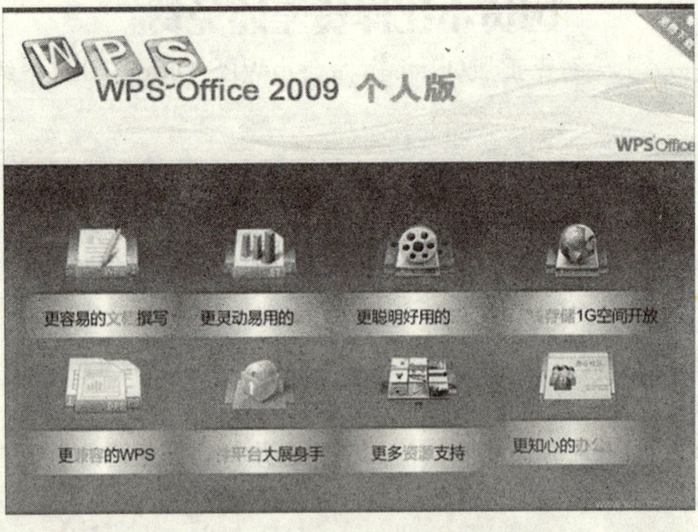

在功能方面，Office 2003有的WPS都有。安装的时候MS Office要占用将近1G的硬盘空间，而且还在系统盘丢一大堆的文件，而WPS仅仅不到200M，而且不会在系统丢什么垃圾文件，那他们到底有什么不同呢？

“如果WPS Office 2009早生几年，很难想象中国的Office市场是否还会是国外产品一家独大。”一位Office资深用户，在使用过WPS Office 2009后，发出如此感慨！

笔者在安装WPS Office 2009试用后，亦欣喜不已。

WPS Office 2009的三个功能模块——WPS文字、WPS表格、WPS演示，与MS Office中的Word、Excel、PowerPoint一一对应，在功能完备性上，也不输于国外通用软件，并且在互联网应用上，具有更突出的特点。

用户一直都很关心的兼容问题，WPS Office 2009也已经取得了超乎想象的飞跃，所以，对比它们的性能，我们的焦点首先指向兼容性和互联网应用。

WPS Office 2009（下面简称WPS 2009）是一款跨平台的办公软件，它既可以在Windows操作系统上运行，还可以运行在主流的Linux操作系统上。

最佳推荐功能一：高度兼容成就Office孪生兄弟

以前一直讲求差异发展的WPS，在2005版本上彻底调整了技术路线，把兼容作为最大的突破重点。笔者发现，这种“兼容精神”已经大大超越以往的软件界面、文件格式的相同或相通，而是真正渗透进了软件底层技术，在加密、宏等类“技术型”文件的互通性上得到突破。

不可否认，在盗版的推动下，国外Office的使用习惯，已经成为默认的标准，这是任何其他办公通用软件厂商都不可回避、必须面对的事实。如何让用户以最小的转换代价，给予产品最大的认可和满足，是一直困扰金山的问题。2002年经过4个月的痛苦抉择，金山最后做出了一个让业界刮目的决定：全部放弃已有14年历史的传统WPS技术，重构代码，打造新一代办公平台！

该软件的三个构成模块WPS文字、WPS表格，WPS演示分别严格对应MS Office的Word、Excel、PowerPoint，无论WPS哪个模块软件，我们看到的都是典型XP风格的操作界面，工具栏和一些功能按钮的设置几乎与MS Office完全一致，如果不是文件左上角的图标提示，用户实在难分彼此。

同MS Office保持一致，实现对用户操作习惯的兼容，用户才能真正做到“零时间”上手，这样大大降低了软件推广使用的难度，同时有效减少培训时间，大大降低软件迁移成本。

做到操作习惯的兼容仅仅是“兼容精神”的表象体现，各类文件可以打开，内容显示无差别，这才是用户关心的核心问题。的确如此，尤其在这个讲求交流和沟通的时代，岂能容忍因为不兼容问题带来的无法与外界交流的障碍。所以，如果WPS 2009文件格式不能与MS Office彻底兼容，那WPS 2009用户不就变成孤岛上的鲁宾孙了。

WPS 2009与主流的MS Office的兼容，不是WPS 2009只能打开别的Office文件的那种一般意义的单向兼容，而是突破性的双向兼容！我们注意到，MS Office与WPS 2009相互读取的文件，不论是中文文件，还是英文文件，都可达到一字不差、一行不差的精确效果！笔者认为，达到这种精确兼容程度，金山公司一定是在技术上取得了重大突破。因为有些国外办公通用软件厂商曾经认为，一字不差、一行不差的兼容是不可能实现的。

不仅仅是文件格式和操作习惯的兼容，笔者经过试用还意外发现，在知道密码的情况下，WPS Office 可以直接打开加了密的DOC、XLS、PPT文件。不仅如此，WPS Office 2009还可以直接打开带有宏代码的DOC文档，这解除了MS Office 高级用户在文件传输过程中的后顾之忧。

最佳推荐功能二：互联网应用从“小”做起

一套办公软件的安装程序只有28M，刚听到这种描述，笔者还不敢相信。亲自动手安装后才意识到，这个“小”，恰恰会为WPS 2009的互联网应用奠定了基础。

我们已经习惯了国外软件占用较大硬盘空间、长时安装才能完成的事实，第一次见到WPS 2009，着实有了欣喜，不仅仅是因为该软件安装包仅有28M，而且还因为笔者第一次安装时，2分钟就完成了所有操作。

这个产品还有一个显著的特点，即可以采用直接复制安装目录的方式去安装软件或直接删除安装目录的办法卸载软件，应用非常绿色。

近年来，杀毒软件采用互联网在线升级的方式为用户提供了便捷的服务。现在，WPS 2009将杀毒软件自动升级的功能移植到了办公软件应用上。

WPS 2009的自动升级功能，无需用户做任何操作，当有最新的技术研究成果时，WPS 2009将自动下载安装。此功能保证用户可以在最短时间内获得WPS 2009最新功能。这种升级方式还很灵活，用户既可以通过互联网实现升级，也可以是通过局域内的服务器进行升级，非常方便。

WPS 2009 中，首次应用了一项叫KRM的授权保护技术。根据金山公司的研发人员介绍，这项技术的作用是：用户可根据需要，设置授权范围，包括是否允许、允许多大范围内的对象读取、修改文件等。应用该技术后，文件网络传送的安全性得到了很大的提升，文件授权用户不用记住复杂的密码，仅使用金山通行证，即可轻松、安全的传输、使用文件。简单地说就是采用通行证授权的方式，而非密码授权的方式对文件做读、写、修改的管理。

现在，WPS 2009还能通过互联网提供海量的文件模版及素材，以帮助用户提升办公效率。

十大亮点功能

虽然兼容MS Office是核心，但毕竟MS Office是基于西文行文规范而研发的办公软件，笔者试用WPS 2009过程中还是发现了一些更符合中文特色的功能，很值得推荐。

文件标签

受各网络浏览器使用习惯的影响，在文件切换时，有些用户习惯于采用直观的文档标签方式。在WPS Office2005中对这种应用提供了两种选择，即传统的窗口切换方式和文件标签方式，让用户可以按照自己的喜好进行使用。

文字工具

在早期的WPS Officc 版本里，就有 组很让用户称道的文字工具（删除空格、增加空格、删除段首空格、增加段首空格、段落重排、删除空段），这组功能对于那些需要经常从互联网上转摘文字的用户来说，非常方便。因为我们都知道，在转摘文章时，经常会出现大量的空格、空段，如果没有这项功能，那用户还要自己再去编辑，很麻烦。现在这个功能，WPS 2009同样保留。

稿纸方式

稿纸作为金山文字的特色之一，在WPS Office 2009中有更加全面的表现，不但能够将全篇文档都设置为稿纸，而且还可以通过将文档分节实现稿纸格式和空白格式的混合排版。

表格中人民币大写

在表格制作时，很多用户都有使用人民币大写的需要，在WPS 2009的表格中，就提供了一个特殊的功能：提供阿拉伯数字自动转换为人民币大写的功能，满足广大财会人员制作报表的需要。

中文表格的表元斜线应用

在表格编辑时，我们经常会使用到斜线表头功能，国外主流 Office的斜线表头，在使用上比较麻烦，比如在改变表头大小时，斜线不会跟随其自动缩放，致使版式混乱。而WPS 2009中，不论表格大小如何调整，斜线表头都能够保持一致。

强大的PDF输出功能

现在，PDF文件已经成为世界通用文件格式之一，很多用户在日常使用中，都会使用到PDF输出功能。与其他办公通用软件不同，WPS 2009在PDF输出时，能够完整保留原文档各种特殊内容，并提供完善的PDF文件权限设置功能，而且能自动生成目录，还带有索引功能。

丰富的打印功能

WPS 2009三个模块中提供的打印功能很让我佩服。比如它特别提供了反片打印功能，可以轻松打印幻灯片，另外还有拼版、双面打印、文件套打等功能，真是方便又实用。

修订功能

在日常办公中，我们会经常使用到修订功能，甚至有时是好几个人在同一篇文件上进行修订和批注，如果是电子格式，还可以根据不同颜色进行区分，但如果是打印稿，颜色都差不多，修订、批注者的身份就无法区分了。在WPS 2009中，就针对这种情况，WPS 2009实现了记录作者身份的功能。

全面的演示功能

在WPS 演示中，除了具有国外主流办公通用软件的功能外，还多了一项为用户提供不同效果的幻灯片、讲义、备注页打印等功能，如每页3张备注页等效果，非常方便实用。

当然，WPS 2009的贴心功能并不仅限于这些，其他的如电子表格支持中国纸张规格、支持蒙文竖排等特殊排版方式、文本框间的文字绕排，都很实用，但受到篇幅的制约，无法一一介绍。

从上面描述可以看出，WPS Office 2009是一款极具竞争力的产品，不仅在界面风格及主体功能上做到了与主流的MS Office“一模一样”，而且在加密文件、宏代码这两个高级兼容性上的实现，证明了它与MS Office的兼容已经达到了无障碍的境界！

而软件轻小、互联网化、安全等互联网特点的突出表现，使得它有实力挑战任何对手。虽然晚生几年，但后发制人也并非不可能！最绝妙的是，现在的WPS Office 2009安装文件还自带有金山清理专家和金山网盾两个软件，在安装时会一起安装，你使用过后就会奇妙地发现，这两个小软件非常实用，可以对你的系统进行自动扫描，发现具有被病毒或木马入侵的系统漏洞，并可以根据它的提示轻松修补这些漏洞，使你的系统更加完美而安全；特别是金山网盾提供的防火墙功能非常好用，建议大家用这个防火墙配合前面所讲的江民杀毒软件，一个基本满意的安全系统就产生了！最关键的是，这一切都是正版而且免费的哦！

你还会花上千元去购买MS Office吗？你还会冒着违法的危险去使用盗版软件吗？反正笔者不会，你看见的这本书稿就是WPS Office 2009的杰作。支持民族软件，免费使用何乐不为？赶紧去安装WPS Office 2009吧！

第四章

上网冲浪及生产协助

不能上网的电脑不是好电脑

——家用电脑如何上网?

前面学习了这么多电脑相关知识，你已经能够用这些电脑功能辅助你做很多实用、常用的工作了。如果放在10年前，这些内容基本上就是电脑在人们工作生活中的主体应用，可是，当今的电脑世界还不仅仅是这一点内容，还有更多的内容与因特网（Internet）有关，那就是我们常说的上网。

因特网（Internet）是一组全球信息资源的总汇。有一种粗略的说法，认为Internet是由许多小的网络（子网）互联而成的一个逻辑网，每个子网中连接着若干台计算机。Internet以相互交流信息资源为目的，基于一些共同的协议，并通过许多路由器和公共互联网而成，它是一个信息资源和资源共享的集合。计算机网络只是传播信息的载体，而Internet的优越性和实用性则在于本身。它连接着所有的计算机，人们可以从互联网上找到不同的信息。你可以用搜索引擎在Internet上找到你所需的信息，还可以通过Internet实现远程的文件交换、聊天、游戏、办公、下载软件……基本上你想到的娱乐和生活的项目都可以跟Internet联系起来。

看电视不再需要有线电视电缆，只要有Internet就能通过网络获得全世界的电视资源；看电影既不用去电影院也不用去买DVD光碟，只要连上Internet，需要的电影资源呼之即来；聊天不再使用费用昂贵的远程电话，只要一种小小的聊天软件，就

能随时和天南海北的朋友聊个够，甚至视频通话也不再是科幻电影的内容，早就能通过Internet得以实现……可以肯定地说，未来人们的生活肯定无法离开Internet，未来的家居装潢、电器布置需要首先考虑的要素就是如何方便使用Internet，未来的人们遇到的各种生产生活问题首先想到的也是Internet。Internet，一张悄然覆盖全球人类的无限“大网”！

顺利上网不容易
——电脑上网的实现

正如本书最前面所说的那样，购买了电脑并不能确定你的电脑就是可以上网的电脑。因为，还得你使用电脑的地方有Internet接入服务商提供的Internet接入服务才行。这在城市中不是问题，现在我国几乎所有的城市都有多家Internet接入服务商提供完善的接入服务。即使到乡镇一级，这也已经不是什么大问题，只要你能在乡镇街上看见网吧，就说明你们那里的网络接入是通畅的。

但是，到了农村，这就是个不小的问题了。

现阶段Internet的接入无非有四种方式：光纤到户、网线到户和ADSL有线电话接入及无线接入模式。

光纤到户是一种高速、高成本的方式，一般适用于网吧、单位等场所，不适合个人使用，我们暂不介绍。

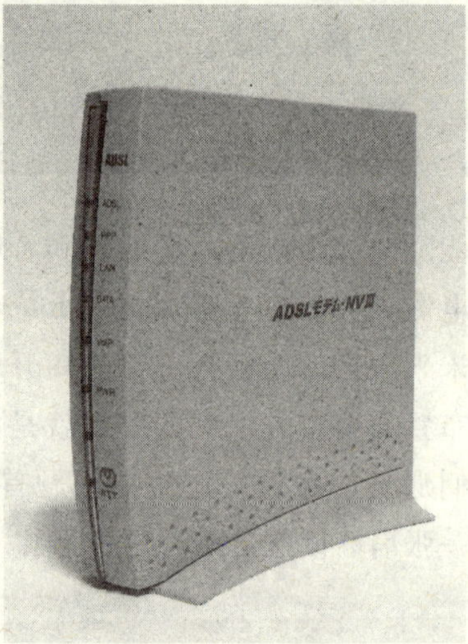

连接电话线与电脑的ADSL MODEM

网线到户就是我们经常说的以太网模式，常见的接入服务商有长城宽带、艾普宽带、聚友宽带，部分地方的电信、铁通、网通、移动和联通也提供这种方式的宽带接入。这种宽带接入实际上就是这些服务公司通过光纤接入的方式把Internet网络引到你居住的小区中，然后通过两种叫做路由器和交换机的设备分配成很多条线路，再根据你的需要把这种上网线（8芯双绞线）拉到你的电脑旁，只要简单地把网线插入电脑网卡端口再稍微简单设置就可以上网了。这种方式一般具有价格便宜、不需要接入外部设备的优点，其缺点是必须要有Internet接入服务商把线路铺设到你家门口才能够使用这种模式，而且，由于是多家共用一条宽带主线，在用户比较少的时候会感觉速度一流，比其他的上网模式都快，一旦用户数量多了，可能就会慢得令你难以忍受。

现在最现实、最普及也最好用的Internet接入模式还是主流的中国电信、中国网通经营的ADSL上网模式。这种模式是以有线电话线路为载体，通过外部设备（ADSL MODEM）把电脑和Internet连接在一起的方式。其优点是速度稳定、覆盖范围广，基本上能安装有线电话的地方就能使用。不过，如果你的有线电话距离最近的电信机房超过了3千米就有信号不稳定的问题，这样你就需要咨询当地的有线电话运营商，经过他们进行信号测试才能确定是否能够安装ADSL上网。这一模式的缺点就只有一个，那就是比网线到户模式的上网费用要贵一些。现在一般网线到户模式2M带宽的使用费用在30~50元/月左右，而ADSL接入同样带宽的使用费用要在80~150元之间。当然，ADSL模式的2M要比网线到户实在不少，说是多少带宽就是多少，比较稳定，一般不会出现时快时慢的情况。而且就带宽来说，也就是你接入的Internet的速度（相当于马路的宽度，这个值肯定越大越好，但是越大也越贵），我们主张有1M到2M就足够了，仅仅家用的话，太大也是浪费。好比你家到村里的公路，修5米宽和修100米宽使用上没有本质的区别，只要能通过你家的车就够了，太宽就是浪费。这也是网线到户模式为什么用户多了就不好用的原因，虽然是比较宽的道路，但是同时走的车很多就很容易堵车。而ADSL则是一条独家使用的小道，堵车现象当然不会发生。

如果你调查研究后，发现前面的方式都不适合你使用，没有办法安装宽带网络去上网冲浪。别急，我们还有最后一种备用手段：无线上网。

你肯定要问："无线上网，连'线'都不用，不是比有线上网好多了吗？为什么不作为首选，而是备用方案呢？"是的，无线上网肯定是最方便的一种上网方式，但是，它目前还是一种半成熟的技术，而且具有价格高、速度慢的缺点，不能作为一种常用的上网模式，而只能是一种备用手段。

实际上，无线上网和我们使用的手机是关联在一起的。要实现无线上网的先决条件是你使用电脑的地方能够使用手机。如果在中国移动、中国联通、中国电信三家手机运营商的手机信号都还没有覆盖到的地方，那就肯定无法使用无线上网模式。所以，我们在安装无线上网设备之前，首先要确定安装地点到底有哪一种无线手机信号。目前能够使用的无线上网方式有中国移动的GPRS无线上网、中国电信的CDMA无线上网和中国联通的EDGE无线上网，这三种上网方式的价格、速度差不多，只是相对而言中国移动的信号覆盖情况要好一些。我们一旦确定了无线上网方式后，到最近的营业厅去办理相关的无线上网业务即可。

一般情况下，这种无线上网模式是按照时间或网络流量来计费的，我们可以根据自己使用网络的情况购买一些比较优惠的包月上网包，如60元包一个月100小时上网时间。这样可以用较低的代价获得无线上网的服务。最好不要购买包流量的包月

中国电信的3G上网卡

服务，因为初学者对于流量的监控没有经验，很容易就超过流量，那之后的收费就非常“恐怖”了。另外，除了选定和购买包月无线上网的套餐以外，我们还需要购买一个无线上网MODEM，也就是一个小小的像U盘一样的东西，把无线上网的手机卡插入这个MODEM中，再把这个MODEM插到电脑的USB接口上，经过一些简单的安装设置，拨号以后就可以开始网上冲浪了。不过，你可别指望无线上网也能给你带来和宽带一样的享受哦！因为无线上网的理论速度最多也就384kbs，也就是几十kbs的下载速度是极限，而实际应用中往往只能达到10kbs的下载速度。毕竟，现在在大城市以外的无线网络还只能提供比较落后的2G无线网络服务。

好消息是，真正能带领我们走入无线网络时代，特别是给边远山区的人们带来便捷上网的3G无线网络从2009年5月开始在几个运营商那里进入实际运营阶段了。理论上3G无线上网可以达到3Mbs的带宽速度，和我们常用的有线宽带差不多。但是，经过笔者的实际测试，现在中国移动的3G上网速度是最慢的，能达到几十kbs就非常不错了。相对而言，中国联通和中国电信的3G速度要快得多。但是它们都还没有进入真正的实用阶段。因为3G无线上网的价格还不太能为大众接受。它们普遍采用包月限流量的收费模式，基本上不可能像有线宽带那样无限量地下载文件、看电影什么的，最多只能满足日常的收发邮件、浏览网页、QQ聊天等小流量应用。而且，现在的3G网络基本上还只能在大城市市区使用，要达到全域覆盖还有一段非常漫长的过程，估计到2012年能实现基本通畅就不错了。希望那时候3G的上网收费能够降下来，真正的无线网络时代才算是开始了！

说到这里，大家也许会发现一个问题，那就是笔者始终没有告诉过大家，每一种接入上网的方式需要怎样的网络设置才可以开始使用。其实，这不是笔者的疏忽，而是因为每一种上网模式都有着不同的网络设置方法，非三言两语可以说清楚的，笔者认为这也不是初学者能够轻易掌握的知识，是需要在对电脑熟悉以后再逐步琢磨和研究的。实际上，每一种上网模式的设置就如不同电器的使用一样，是有着不同的方法和相关的说明书，而且，各种上网模式，其接入服务商的业务员都会为你安装调试相关软件并指导你使用。所以，这并不是大问题，无需在此太费篇章。你只需记得一点即可，务必要服务商的业务员给你安装调试完毕，并教会你如何上网后才算是OK!

坐上浏览器大船去冲浪

——上网软件的使用（重点介绍IE浏览器）

好了！我们现在已经可以用电脑上网了！那么，我们上网到底有什么用呢？能利用上网做些什么事情呢？在这里，我们首先讲一下任何人上网都必须使用的工具，叫浏览器。这个浏览器就是我们与网上各种网站交流的平台。

浏览器有好多种，目前人们使用最多的是Windows系统自带的浏览器——Internet Explore，简称IE。这是一款由微软公司开发的基于超文本传输技术的浏览器，捆绑在所有发售的Windows系统中。经过不断地推陈出新，IE已经发展到了目前最新的8.0版本了。

在确保已经上网成功的情况下，我们要使用IE，只需双击Windows桌面的图标或点击窗口左下方的快捷按钮即可启动

IE程序，将跳出如下窗口：

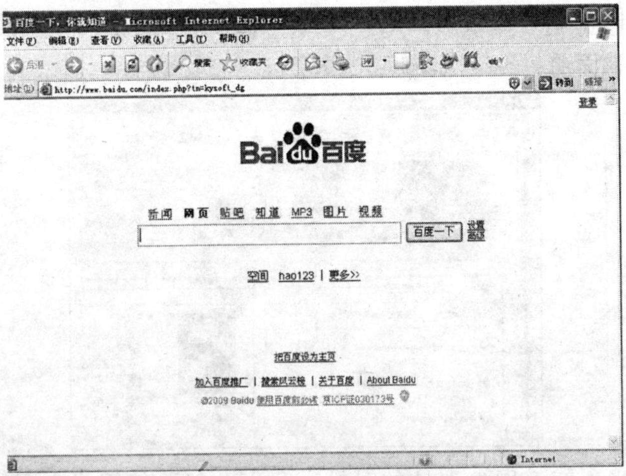

在这个窗口中你可以看到，其构成和Windows的Word界面差不多，都是由上面的控制栏、菜单栏、快捷键栏和中间的工作区组成，其操作方法也是差不多的，都是通过调用菜单栏和快捷工具栏中的功能按钮实现各种功能。事实上，电脑初学者需要了解的功能主要涉及如何进入网站、如何收藏网站和如何保存网站这三方面内容，其他的一些进阶应用，大家可以通过帮助菜单去了解和学习。

进入网站

进入网站，这是每一个上网的人天天都在做的事情。进入一个网站有两种方法：

一种是你知道你需要进入的网站的确切地址。比如你知道笔者的博客网址是http://carldong.blog.163.com ,那么你就在IE的地址栏用键盘敲入这个地址（前面的http://要不要都无所谓），如下：

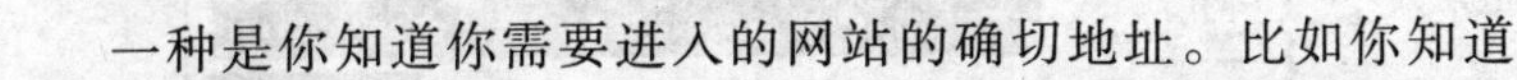

然后按回车或点击旁边的“转到”按钮，马上电脑就能够通过网络服务器解析出这个地址，把你需要的这个网站传到你的电脑面前：

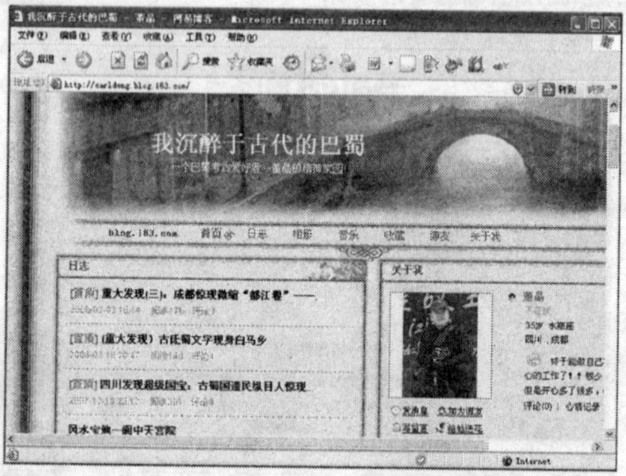

当不知道网站地址的时候，我们一般要使用门户网站去进入我们希望进入的网站，这实际上也是一个信息搜索的过程。这种方式的使用方法就是我们先进入一个门户网站，如网易(http://www.163.com)、雅虎(http://www.yahoo.com.cn)、新浪(www.sina.com)等等，在地址栏敲击这些门户网站的地址后点击回车键，马上就能进入这个门户网站的首页，如网易门户网站如下：

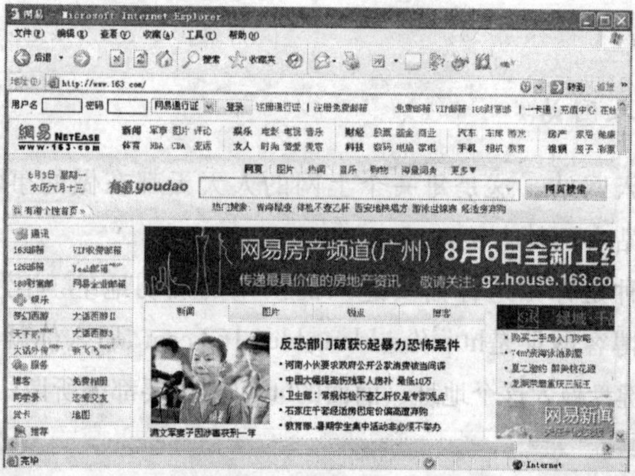

在这里，我们不仅能看见有各种最新的新闻，而且还能看见这个门户网站把各种信息分门别类地排列好了，你只要根据自己的需要点击这些新闻标题或类别就可以进入相关的页面，从而看到该类别最新的网络资料。如我们想知道股票的相关信息，就可以点击“股票”进入与股票相关的页面，得到的页面如下：

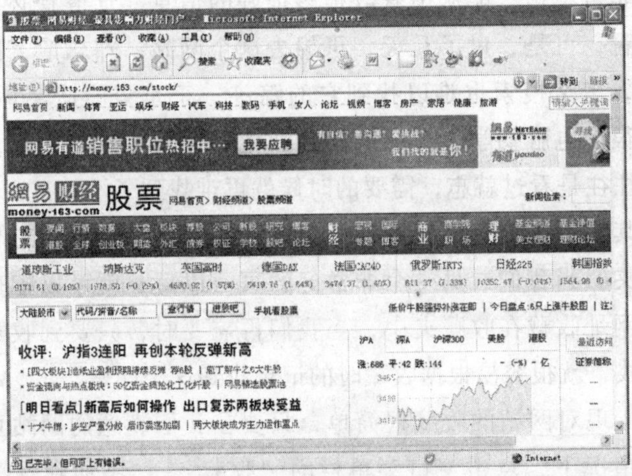

当然，如果你想了解和某一个关键词相关的内容，就在这个门户网站的网页搜索栏里面输入这个关键词，点击搜索即可找到与这个关键词联系最紧密的网站。如我们想了解最新的农业信息，就在搜索栏填入“农业信息”几个字，再点击“搜索”就将弹出如下窗口：

这样，与农业信息相关的网站将立刻出现在你的面前，你需要进入哪个网站点击它即可。

看看，进入一个网站就这么简单！

收藏网站

常常有这样的情况，我们某一次无意中进入了一个网站，感觉非常不错，能从中获取很多很好的信息，觉得有必要经常来看看，可是，过了几天，再想去这个网站，却忘记了网站的地址，怎么搜索也难以找到它的踪迹，于是只能遗憾地离开。这是很多电脑初学者存在的问题，他们普遍难以养成记录的习惯，往往是看过就忘，需要的时候就再难找到了。

其实，IE给我们提供了一个非常好的保存网址的工具，叫收藏夹。当我们看见一个非常好的页面以后，就可以把这个页面的网址收藏在收藏夹中，当我们再需要时，只要到收藏夹中去寻找，就很容易根据收藏时的记录找到这个网站。

实现对网站的收藏很简单，只要在我们满意的网站页面打开的情况下，点击窗口菜单栏的“收藏”—“添加到收藏夹”，就会弹出如下窗口：

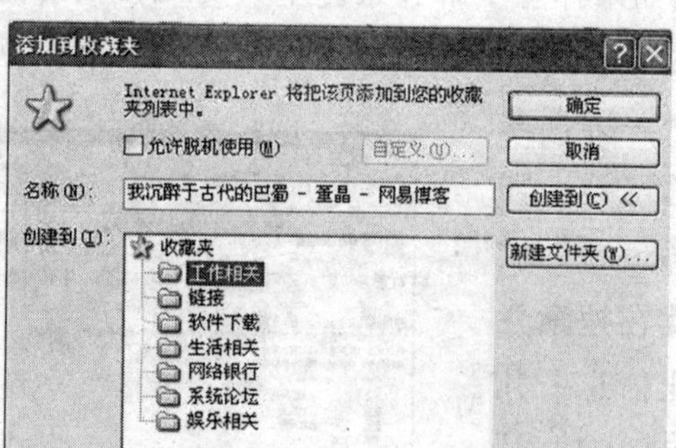

在这里给这个网站取一个能代表它内容的名字，选好保存

的类别，点击确定即可完成收藏。再需要进入这个网站的时候，只要点击IE窗口菜单栏的“收藏”，从中可以看见你已经收藏过的网站，点击“工作相关”栏目就可以看见你收藏的这个网站提示，点击它就马上能进入这个你喜爱的网站。方法非常简单，一试就会！

保存网站

有时候，我们找到一个好的网站，很希望能把它的内容保存下来，以便下线后也能够浏览信息，这时候我们就可以使用IE的保存功能。点击菜单栏的“文件”—“另存为”，就会弹出右图所示窗口：

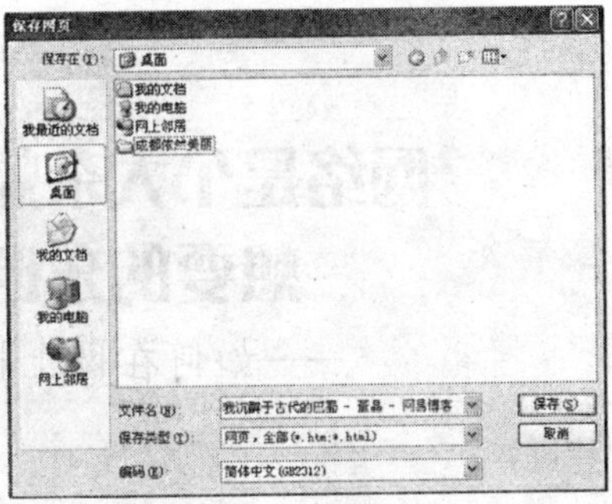

在这里选择好需要保存的地方（路径），设定保存的名称，关键是要确定保存类型。保存的类型有四类：一是“网页，全部（*.htm;*.html)”，这种类型的保存将会自动生成一个与该网站同名的文件夹，将这个网站本页面的内容，包括文字、图片、图像都下载在这个文件夹中，以确保在不联网的情况下也能在本机浏览这个页面，这种方式很适合下线后浏览和截取网页图片图像及文本，但缺点是耗费硬盘存储空间；二是“web档案”模式，第三种是“单一页面”模式；后两种模式一样，不会生成文件夹，只是保存一个预览形式的页面，不会把原来页面中的图形、图像的原始文件下载下来，也就是说，这两种保存方式都比较节约空间。如果只是为了将来浏览这个页面的文字和简单图片就可以选择这两种方式，可以节约很多存储空间；而第四种方式“纯文本txt”方式则更简洁，只把页面中的文字抽取出来，用记事本的模式保存为纯文本文件，这种方式适合只需要文字，不要其他图形图像及网站格式的情况，有时候一些网站无法用鼠标选择区域复制内容的时候也可以用这种方式把网站的文字取出来。

我们可以根据需要对不同的页面采用不同的保存方式，以达到资源的最大利用。

网络是个大杂烩，想找到自己想要的东西要讲方法

——如何在网上搜索需要的信息

如今的网络都被形容成“信息高速公路”，意思很明确，这就是一个获得信息最快捷最方便的途径。然而，网络这个信息高速公路同时也是一个超级大杂烩，上面什么都有，要找到自己需要的信息还不是那么简单的一件事情。

在网络上寻找信息，除了到自己已知的一些专业网站去浏览，寻找各种自己感兴趣的文章来获取需要的东西以外，更多的时候则是通过网络搜索引擎来寻找自己需要的信息。而这些网络搜索引擎中目前使用最广泛和最知名的是百度搜索（www.baidu.com）和谷歌搜索（www.google.cn），其他的如前面说到的雅虎、新浪、网易等也提供搜索引擎，却没有这两个好用。

百度搜索及谷歌搜索等的搜索方法都差不多，我们就以百度搜索为例，讲解如何在网上寻找自己需要的信息。

打开IE浏览器，在地址栏输入百度搜索的地址www.baidu.com，敲击回车键后将弹出如下窗口：

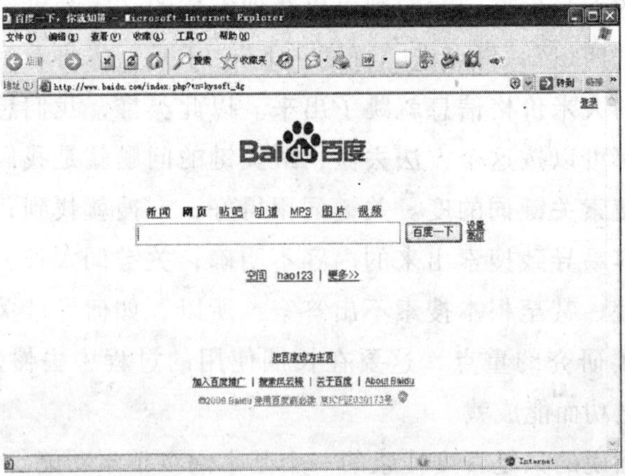

这时候我们可以看到，中间一个长条输入框就是输入我们需要寻找的东西的关键字的。在这里，我们可以把自己需要寻找的东西的关键词整理一下，输入进去，如我们想寻找和大米价格相关的网站，就在这里输入“大米价格”，点击旁边的“百度一下”，立刻会跳出如下窗口：

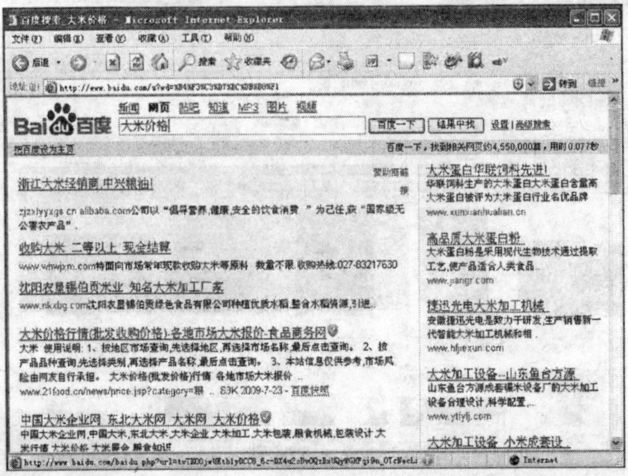

在这里，各种和大米价格相关的信息都会出来，我们就可以进入这些网站阅读和大米价格相关的文章。如果我们只是关心四川的大米价格，我们则可以在搜索栏的“大米价格”前面再加上“四川”，再点击“百度一下”，于是，你将看到，和四川相关的大米价格信息就跳了出来。以此类推，我们想寻找什么信息都可以按这个方法去做，最关键的问题就是我们要把握好这个搜索关键词的度。关键词用得好，一搜就找到；关键词太短，容易导致搜索出来的内容不明确；关键词太长，又容易导致漏搜、甚至根本搜索不出答案。所以，如何设计关键词是我们需要研究的重点，这要在长期使用的过程中去慢慢掌握，非一日之功而能成就。

前面说的只是百度搜索的一个基本网页搜索功能。事实上，我们仔细看百度的首页页面可以发现，还有新闻、MP3、视频、图片等选项，只要我们选择这些选项，就可以搜索相关的内容。如我们要搜索一张玉米的图片，只需先点击百度搜索首页的图片，然后在搜索栏中输入“玉米”，再点击“百度一下”，如下图，一些和玉米相关的图片就被搜索出来了：

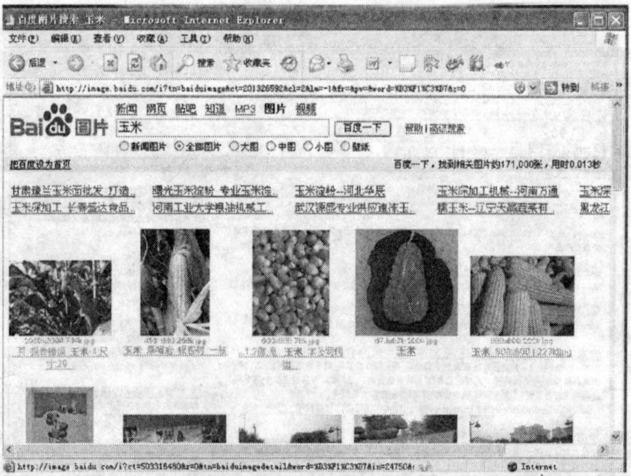

在这里，我们还可以点击上面的“大图”、“中图”、“小图”等进行过滤，最终选到你需要的图片信息。再点击你选择的图片就能够进入该图的页面，从而获得与该图相关的详细资料及图片。

同样的道理，音乐、小说、新闻、视频等都可以用这样的方法去搜索而轻松获得！

需要什么，去网上“挡”！

——如何使用迅雷下载软件下载自己需要的文档

我们使用电脑，常常需要寻找自己需要的软件，怎么办？当然是去网上“挡”！这个“挡”，就是下载的意思，是“下载”的英文单词“download”的中文谐音。

需要软件，去网上“挡”；想听新歌，去网上“挡”；想看电影，去网上“挡”；想找小说，去网上“挡”；想寻找技术资料，去网上“挡”；想……去网上“挡”！可以说，我们想的一切，都可以去网上“挡”！

去网上“挡”的基本方法跟前面讲述的搜索信息一样，只需在搜索引擎中去搜索我们想要的东西，不过要在关键词的后面加上一个“下载”或“免费下载”的后缀。

其实，现在有一种专业的下载软件应用范围非常广泛，那就是迅雷下载。迅雷下载已经不是单纯的一个软件了，使用这个软件的庞大用户群建立了一个网上的资源库。可以说，迅雷现在不仅仅提供下载功能，而且提供了下载的服务。基本上，我们常规需要的东西都能在迅雷下载的资源库中找到，而且下载的速度、质量、安全性都是一流的。

要使用这个软件，我们首先得安装“迅雷下载”。你可以先进入迅雷的网站（在IE地址栏中填写www.xunlei.com地址），找到下载页面，然后根据提示下载最新的迅雷安装文件，安装完毕后启动迅雷下载软件，我们就可以看见如下窗口：

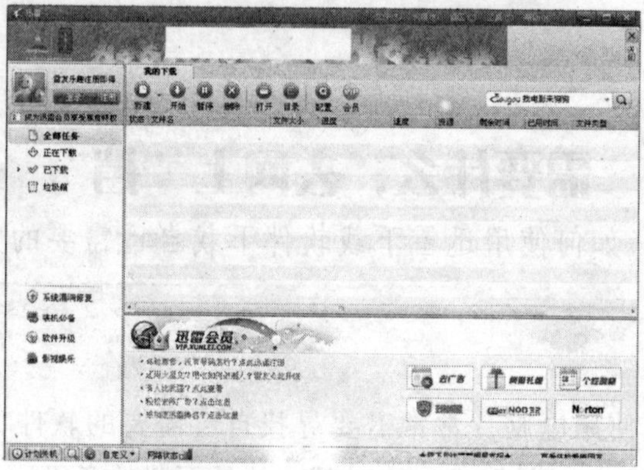

这个窗口的右上方，显示“找电影来狗狗”的地方就是搜索栏，这里不仅仅能搜索电影，其他的资源都可以搜索得到。我们在这里输入自己需要搜索的东西，如输入“电脑入门教程”，点击旁边像放大镜一样的搜索按钮，就会跳出如下窗口：

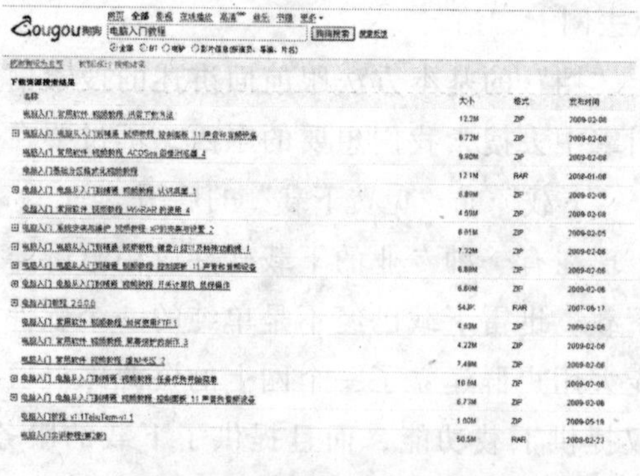

于是，许多和电脑入门相关的资源就跳了出来，我们再选择自己满意的点击进去，将弹出如下窗口：

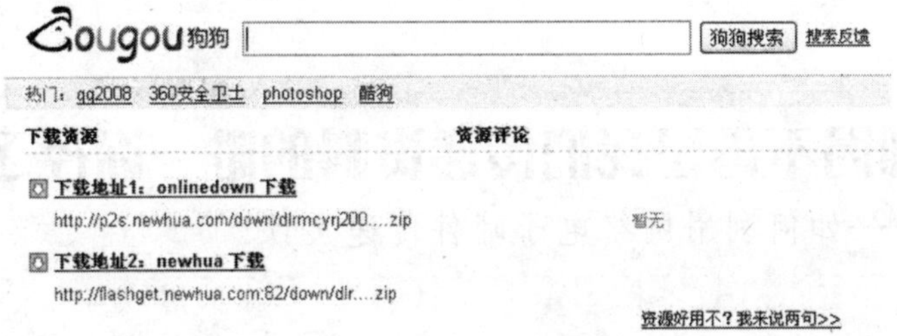

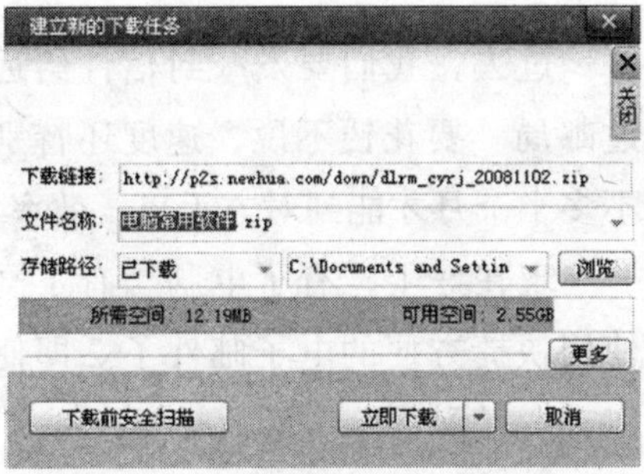

点击下载地址，将弹出如下迅雷下载页面(注意：即使迅雷下载软件没有开启，这时候也会自动开启)：

这时候，我们在这个窗口可以调整这个文件下载后存储的位置和名字，然后点击“立即下载”即可进入下载窗口，我们在这里可以看见相关的下载信息，包括下载进度及下载的速度等。这时候，我们就可以最小化迅雷下载窗口，让它在后台为我们下载文件了。当下载完成后，电脑会用声音提示我们，而且电脑屏幕右上方的迅雷图标也会在我们做其他工作的时候显示目前的下载情况。这时，我们可以通过点击“已经完成的下载”看到下载的文件，双击它即可运行。当然，要记住我们设置的下载存储目录，以便随时可以在这个目录里面找到已经下载的文件。

同样的道理，电影、音乐、小说等都可以通过这种方式来下载！大家可以自己试验和摸索使用迅雷下载的方法。事实上，迅雷下载还有个很好用的功能，就是迅雷在线看电影，我们将在后面讲述电脑娱乐的时候给大家介绍。

邮局不再是我们传递资料的唯一途径了！

——如何利用网络电子邮件传递文件

过去，我们要发一封信件给远方的亲朋好友，一般都是通过邮局。要花钱不说，速度还特别慢。有时候，一封平信要差不多半个月才能到对方手里，效率实在不敢恭维。

现在好了，有了电脑，有了网络，我们就可以完全免费地使用快捷方便的电子邮件了。即使远在异国他乡，也能一键搞定，瞬时到达！

电子邮件，也叫Email，网友们亲切地给它取了个名字叫“伊妹儿”。它是一种用电子手段提供信息交换的通信方式，是Internet应用最广的服务。通过网络的电子邮件系统，用户可以用非常低廉的价格（不管发送到哪里，都只需负担网费即可），以非常快速的方式（几秒钟之内可以发送到世界上任何你指定的目的地），与世界上任何一个角落的网络用户联系，这些电子邮件可以是文字、图像、声音等各种方式。同时，用户可以得到大量免费的新闻、专题邮件，并实现轻松的信息搜索。这是任何传统的邮件方式所无法相比的。

正是由于电子邮件的使用简易、投递迅速、收费低廉、易于保存、全球畅通无阻等优点，使得电子邮件被广泛地应用。这使人们的交流方式得到了极大的改变。另外，电子邮件还可以进行一对多的邮件传递，同一邮件可以一次发送给许多人。最重要的是，电子邮件是整个网间网以至所有其他网络系统中直接面向人与人之间信息交流的系统，它的数据发送方和接收方都是人，所以极大地满足了大量存在的人与人通信的需求。

要使用电子邮件，其实说简单也简单，说复杂也复杂。复杂呢，是因为要安装专用的电子邮件管理软件，如Foxmail、Outlook等等，这些软件必须经过比较细致的账户设置，一般初学者难以做到，可以请懂电脑的朋友帮忙设置后再使用；简单呢，针对我们初学者最好的使用方式就是用网页登陆的模式去使用电子邮件功能。这种方法的好处是：无需设置，在任何一台能上网的电脑中都可以进入你的邮箱进行信件收发工作，缺点是不能进行系统管理，只能按照你注册的邮箱提供的功能进行操作。不过，笔者认为，初学者还是先用这种方式比较好。

要使用电子邮件功能，首先要确定你使用哪个电子邮件服务商提供的电子邮件服务。现在最好的邮箱服务商依次是：

1. GMail （www.gmail.com）
2. Yahoo mail （mail.yahoo.com.cn）
3. 126 mail （mail.126.com）
4. Hotmail mail （www.hotmail.com.cn）
5. QQ mail （mail.qq.com）
6. 网易163 mail （mail.163.com）
7. 梦网随心邮 （mail.139.com）
8. 新华邮箱 （mail.xinhuanet.com）
9. 人民邮箱 （mail.people.com.cn）
10. 中国网邮箱 （mail.china.com.cn）

这些服务商都提供免费注册和免费使用电子邮件的服务。收费邮箱和免费邮箱的差别主要在于：是否提供大容量支持、是否帮助过滤垃圾邮件、是否帮助进行邮件杀毒、是否能够使用电子邮件后台管理软件进行邮件收发管理、群发邮件的规模限制等方面。建议大家还是选择一个长期稳定的收费邮箱使用，方便性与安全性会好很多。

在选择电子邮件服务商之前我们要明白使用电子邮件的目的是什么，根据自己不同的目的有针对性的去选择。

如果是经常和国外的客户联系，建议使用国外的电子邮箱，比如GMail, Hotmail, MSN mail，Yahoo mail等。

如果是想当做网络硬盘使用，经常存放一些图片资料等，那么就应该选择存储量大的邮箱，比如GMail, Yahoo mail，网易163 mail，126 mail，yeah mail，TOM mail，21CN mail等等都是不错的选择。

如果自己有计算机，那么最好选择支持POP/SMTP协议的邮箱，可以通过Outlook，Foxmail等邮件客户端软件将邮件下载到自己的硬盘上，这样就不用担心邮箱的大小不够用，同时还能避免别人窃取密码以后偷看你的信件。当然，前提是不在服务器上保留副本。

如果经常需要收发一些大的附件，GMail，Yahoo mail，Hotmail，MSN mail，网易163 mail，126 mail，Yeah mail等都能很好地满足要求。

若是想在第一时间知道自己的新邮件，那么推荐使用中国移动通信的移动梦网随心邮，当有邮件到达的时候会有手机短信通知。中国联通用户则可以选择如意邮箱。

如果只是在国内使用，那么QQ邮箱也是很好的选择，这能让你的朋友通过QQ和你发送即时消息。另外随着腾讯收购Foxmail，使得腾讯在电子邮件领域的技术得到很大的加强，所以使用 QQ邮箱应该是很放心的。其实，以笔者的经验，如果你本来就准备要使用QQ聊天工具的话，最好就注册一个收费QQ号码，再使用随带的QQ邮箱，每月10元钱，物美价廉，是最佳的方案。

好了，确定了选择哪个电子邮件服务商后，我们就可以去注册邮件地址，准备开通电子邮件功能了。下面我们以GMail邮箱的申请和使用为例，去看看如何注册和收发电子邮件。

首先打开IE浏览器，在地址栏输入www.gmail.com后，点击回车键就能进入GMail电子邮箱的主页：

在这里点击创建账户，进入注册窗口：

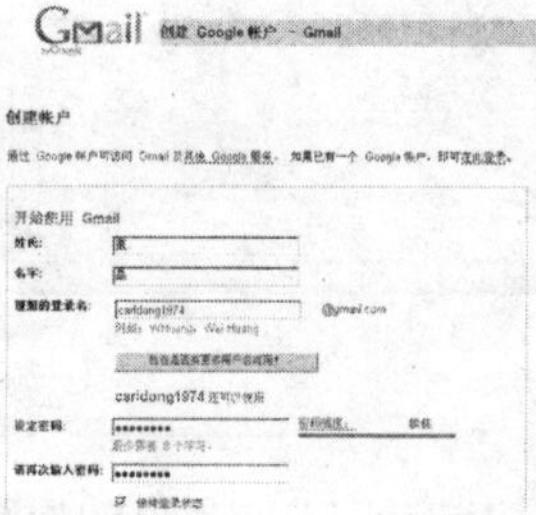

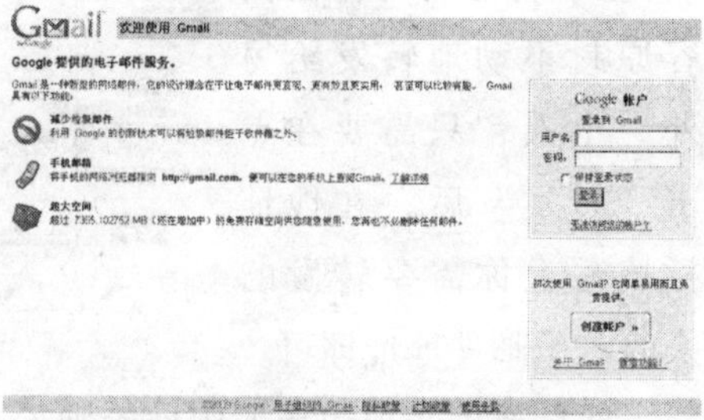

在该窗口中填写各项注册信息。注意：账户名填写后要点击“检查是否可以使用这个名字”，确认没有人用这个账户名注册过，你才能继续注册，否则要更换账户名，再次检查，直到出现可以使用的提示为止；账户名和密码一定要记住，不然以后找回密码就很麻烦了；密码提示问题也要认真填写，这是你以后取回密码的重要手段。

所有信息都填写清楚后，点击注册即可获得这个邮件地址的所有权了。以上面为例，我申请的电子邮件地址就是carldong1974@gmail.com，密码为********。下面，我们就可以再次在IE地址栏输入www.gmail.com，重新进入GMail的主页，在用户名和密码栏填入刚才成功申请的信息，点击“登陆”，就可以进入我的电子邮件使用窗口。

在这里，我们就可以看到默认的窗口是收件箱，里面就有你已经收到的邮件，点击这些邮件标题就可以浏览邮件了。在这里，你可以使用“回复”来给这封邮件回信，也可以使用“转发”将这封邮件的内容原封不动地转发给另外一个人，只需要在点击“转发”后，在地址栏填写上你需要转发的人的电子邮件地址即可。

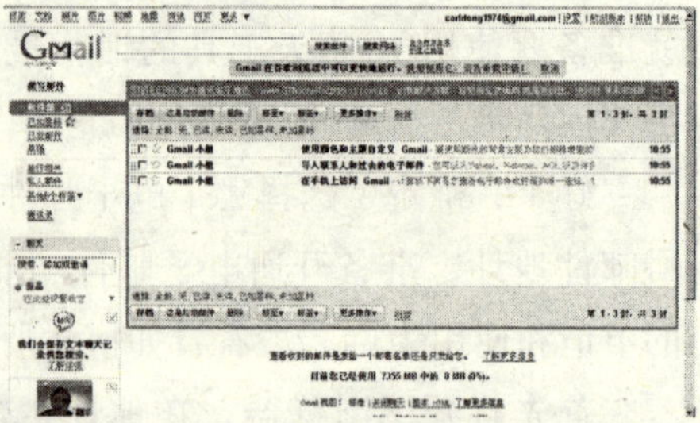

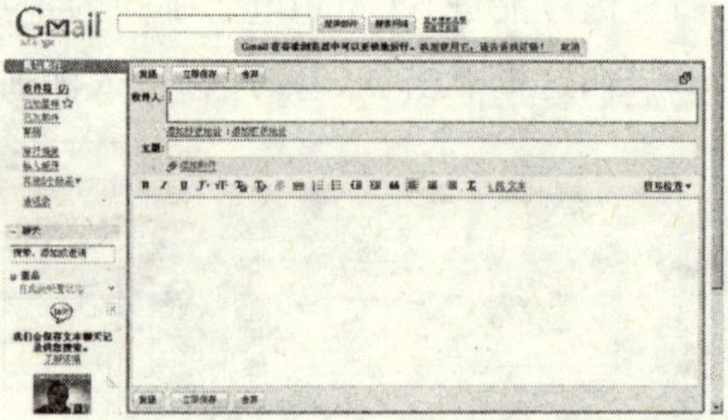

如果要撰写一封新的邮件给别人，请点击窗口左上角的“撰写邮件”，将弹出上面的窗口：

在“收件人”处填写收件人的电子邮件地址，如果同时给多人发送同一封邮件，将他们的邮件地址用“；”隔开就可以了。填写好地址后，再在主题栏填入这封邮件的标题，最后在文本栏写入你要发送的内容，可以包含文字和图片，也可以把你在Word中编辑好的文本及图片复制在这里。如果你还要随着这封邮件发送其他如程序、Word文档、视频文件等内容，可以点击“添加附件”，此后将跳出添加附件的窗口，你可以在这里选择你要添加的附件文件后点击“确认”，即可完成添加附件操作。这一切都完成以后，点击邮件窗口左下方的“发送”按钮，即可将邮件发送出去！

这样，一个完整的注册电子邮件和使用电子邮件的过程就已经完成，你可以脱离传统的邮政系统，开始你的网络通信人生了。其他邮件服务商的电子邮件使用界面虽然与GMail略微有所不同，但是大体的使用方式是差不多的，大家可以到其他邮件服务商那里去试一下，这也是一个学习和熟悉网络注册的过程，后面讲到的很多与网络注册相关的内容都要用到这个功能，到时候就不再详述了。

网上交流第一选择

——如何应用QQ聊天工具

网络时代的人们，除了传统的电话以外，手机、电子邮件已经成为必备的通讯手段了，相应的手机号码和电子邮件地址也成了相互交流中经常交换的联系方式。其实，还有一个重要的联系方式在悄悄地走入我们的生活，甚至它已经达到和超过手机、电话、电子邮件的地步，那就是QQ。

QQ是一个存在历史不长但却影响人很大的一种通讯手段，它主要得益于电脑网络的发展。

1996年夏天，以色列的三个年轻人维斯格、瓦迪和楚游芬格聚在一起决定开发一种软件，意图充分利用互联网即时交流的特点，来实现人与人之间快速直接的交流，由此产生了ICQ的设计思想。ICQ是面向国际的一种聊天工具，是I seek you（我找你）的意思。当时是为了他们彼此之间能及时在网上联系交流用的，可以说近乎一种个人的“玩具”。他们还成立了一家名为Mirabilis的小公司，向所有注册用户提供ICQ服务。

后来，美国在线以2.87亿美元收购了ICQ，1998年5月，ICQ的用户数量已经突破1亿大关，每天平均有1000万用户在线，每个用户平均在线时间为三个小时。

1999年，国内出现了一大批模仿ICQ的在线即时通讯软件，如最早的Picq、Cyccy、Ticq、Qicq、Micq、PCicq、Oicq、OMMO等，新浪、网易、楚游、百度等也开发了类似的软件，如新浪的UC,网易的泡泡,百度的Hi。QQ的前身OICQ也是在1999年2月第一次推出的。

OICQ是模拟ICQ设计的，后来改名为我们现在用的QQ。除了名字，腾讯QQ的标志却没有改动，一直是一只小企鹅。因为标志中的小企鹅很可爱，用英语来说就是“cute”，而cute和Q谐音，所以小企鹅配QQ也是很好的一个名字。

经过10年奋战，QQ基本上已经在国内即时通信市场成为绝对的老大。截至2009年1季度，QQ的注册用户数接近10亿，经常在线的活跃用户也有4亿多，最高同时在线的人数更是达到了5700多万。想一想，这是一个多么庞大的用户群体啊！可以说，一个现代的电脑用户，基本上不可能不使用QQ！

要使用QQ是一件非常简单的事情，我们只需登录QQ的网站(www.qq.com）去下载一个最新的QQ客户端软件安装到电脑上，再在这个网站上申请一个QQ号码，我们打开QQ软件，填上我们申请的号码和密码，点击登录就可以进入QQ的世界了！

初次使用QQ的用户，它的界面是空白的，因为还没有QQ好友，这时候需要做的第一个工作就是添加QQ好友。添加QQ好友有两种途径：

一种是高级查找，点击QQ界面下方的“查找”，弹出查找窗口，选择“高级查找”，如下：

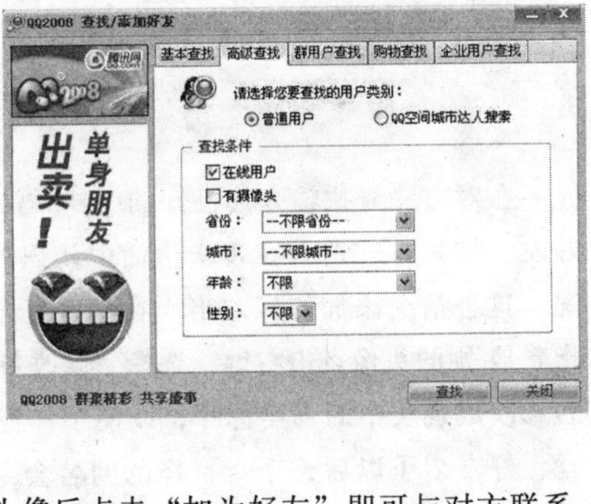

在这里你主要是找那种愿意在网上交友聊天而又相互并不认识的人。你可以选择相应的条件后点击“查找”，QQ就会为你找出符合条件的用户，你再选择他们的头像后点击“加为好友”即可与对方联系，请求成为QQ好友。如果对方设定的是可以加为好友，那这个好友就会立即添加在你的QQ好友栏里面了；如果对方设定的是“需要身份验证”，你就还要在弹出的身份验证窗口中输入一些你认为会让他/她感兴趣的话题，如“我很想和你聊聊，可以吗?”等等，期待他/她同意你的请求，成为你的QQ好友。一旦验证通过，他/她就会出现在你的好友栏中。这种添加好友的方式适合在网络上寻求缘分的人，有缘千里来相会是最贴切的形容了!

另外一种添加好友的方法就是在你知道对方QQ号码的前提下：点击“查找”，选择“精确查找”：

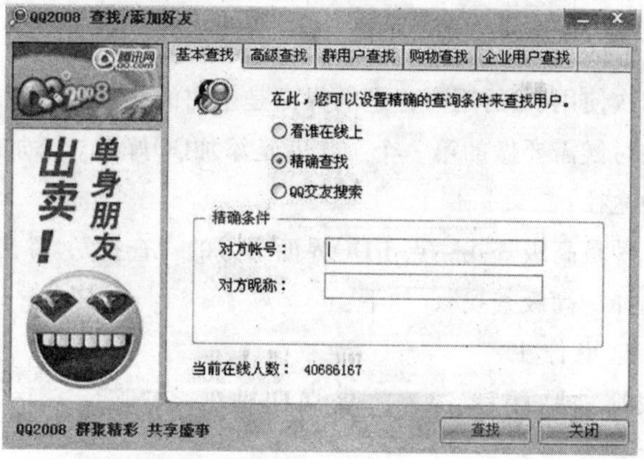

在对方账号栏输入你已知的QQ号码，找到对方并请求加为好友。这种方式适合在现实生活中认识的人之间加为好友的情况。这种情况添加的好友出现在你的好友栏以后，最好用鼠标指着他/她的头像点击右键，选择“修改备注名称”，将好友的网名修改成现实中的真实称呼，以便于你将来对他/她的辨别。毕竟，好友多了以后，千奇百怪的网名会令你非常头大的，绝对难以对号入座。

此外，还有一种添加好友的方式就是加入“群”。“QQ群”是QQ提供的一种群聊功能，如果你有相应的QQ群号码，如同事群、同学群、股票群等等，你就可以通过在查找中选择“群用户查找”并输入群号码，查到这个群并申请加入。这样加入了群就能一下子拥有很多QQ好友哦。同样的道理，你也可以在“查找”中通过关键词搜索去找寻你感兴趣的群，申请加入后也能拥有很多陌生的QQ好友。

添加了好友以后，无论是单独的好友还是QQ群，如果有人向你发送信息，屏幕右下方的QQ标志就会变成他/她的头像并不停闪烁，你用鼠标双击这个头像就能弹出与这个好友对话的窗口：

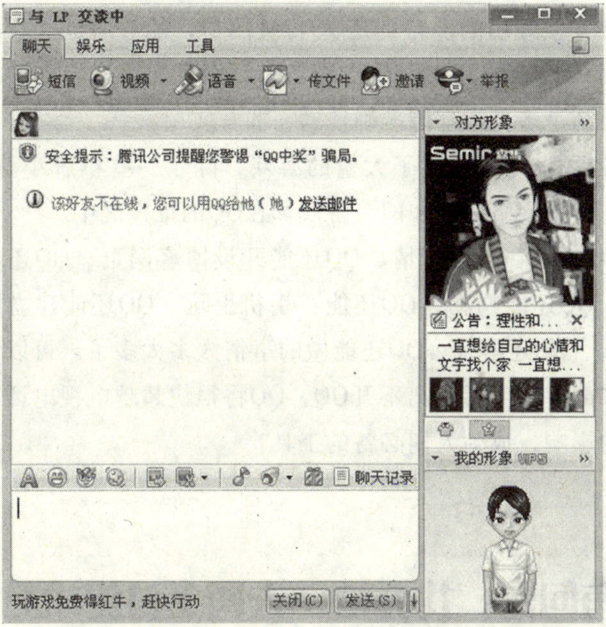

这个窗口的上面部分就是好友发来的信息，下面部分则是你输入信息的地方，输入信息后点击“发送”就可以马上把信息发送到好友那里，非常方便快捷。

如果你要给好友发送信息，则在QQ界面找到好友的头像，双击它同样可以打开这个对话框，开始与他的对话。

QQ除了能跟好友对话以外，还有很多实用的功能。

如果你和好友的电脑都安装有摄像头和耳麦，那你们就可以点击视频，进行视频通话，这可是免费的视频电话哟！

除此之外，还可以使用传送文件功能，把需要传送的文件通过这个功能快速地发送到好友的电脑中。不过要注意，为了避免病毒的传播，QQ是不允许传送EXE等后缀的可执行文件的。如果是这样的文件传送，要先使用压缩工具打包后再传送。

还有，正如前面电子邮件章节所讲，QQ提供的邮件系统也是非常方便好用的。特别是QQ付费用户，能够通过这个邮件系统使用1G以上的超大附件传送功能，而且无论对方电子邮箱的附件限制是多少，都能准确传送，非常实用。

最后，QQ还提供了大量的游戏，除了一些棋牌小游戏外，更多的大型网络游戏和网页游戏都在QQ的推广之中。

QQ还能看股票行情、QQ还能开设博客网页、QQ还能做浏览器、QQ还能购物、QQ还能在手机上玩、QQ还能建立网上电子相册、QQ还能……QQ还能做的事情太多太多了。可以说，人们未来的生产生活都离不开QQ，QQ将很快超越电视电话对人们生活的影响，成为人们必备的工具！

有问题、找办法，去网上讨论求教！

——如何使用论坛发布消息及浏览消息

人们在日常生活中，常常会遇到许多不同的问题，也会产生各种各样的想法和观点。这时候，如果有个地方让你去提问、发表观点，让大家来参与讨论，那是一件多么美妙的事情啊！特别是某些朋友，对一些时尚的东西很感兴趣，渴望获取相关的知识和信息，比如手机发烧友、汽车发烧友、电脑发烧友等等，如果能够有个交流的平台，让他们随时了解行业的最新信息，结交具有共同爱好的朋友，交流相关心得，那实在也是一件非常快乐的事情。

现在，随着网络的普及，一个叫做“论坛”的东西把这一切都变成了现实。无论你在生产和生活中有什么样的问题需要帮助或有什么样的心得需要大家来分享，只要走进相关的论坛，一个好的帖子就能引来万人追捧。

其实，现在网络上使用的论坛最初是来源于一个叫BBS的东西。BBS，正式名称叫电子公告牌系统（英文：Bulletin Board System，缩写BBS）。这是一种软件，用户可以在上面留言和答复，起到广告和跟帖讨论的作用。最初的BBS是一种纯文本形式的东西，只能在上面留下文字，后来，随着电脑技术的进步，逐渐可以把一些图片、图像甚至软件也放在页面上了。而且，越来越多的BBS向专业化方向发展，出现了很多主题性的BBS网站，这些网站逐步就演变为现在的论坛网站。

我们要进入论坛发布消息或提出问题（网友一般称之为“发帖”），首先要明确我们是需要进入一个什么类型的论坛。要进入我们感兴趣的论坛有两种方式：

一种是首先进入论坛的门户网站。目前，我国人气最旺盛的前二十位论坛门户网站有：

1. 百度贴吧	11. 西陆论坛
2. 新浪论坛	12. 新华网论坛
3. 搜狐社区	13. CCTV论坛社区
4. 天涯社区	14. 21CN社区

5. 腾讯QQ论坛
6. Tom社区
7. 猫扑社区
8. 网易社区
9. 中华网论坛
10. 上海热线论坛
15. 强国论坛
16. 铁血论坛
17. 华声在线
18. CSDN技术社区
19. 博客论坛
20. 凯迪社区

我们可以通过搜索找到这些论坛的地址并进入这些论坛门户网站，这些网站里面有很多分类的论坛，我们可以通过这些分类找到自己希望进入的论坛内容。

另外一种方法就更直接简单，那就是在搜索引擎中去搜索论坛。若对汽车感兴趣，就在搜索栏中填写“汽车，论坛”再点击搜索，很快，和汽车相关的论坛网站就出现在页面中。点击其中我们感兴趣的链接就可以打开这个汽车论坛了，如下：

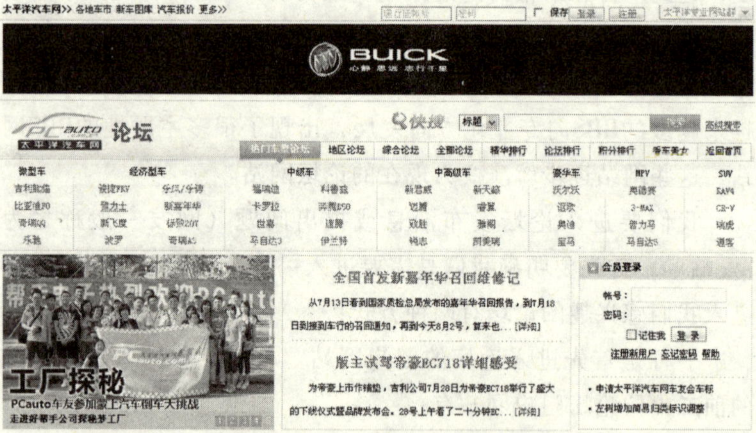

然后，我们就可以在这个论坛里面注册用户名，用这个用户名登录后就可以开始访问各种我们感兴趣的帖子和发帖、回帖了。

买东西不一定要到城里商场去

——如何使用淘宝网进行网上购物

过去，我们要买东西，总是要到集市或商店去，一方面花费大量的时间和精力，有时候要找到一件自己需要的东西还不容易，更别说想货比三家，砍砍价、精挑细选了。有时候，买东西还真是一件头痛的事情。而当我们有产品想卖给别人的时候，就更麻烦了。

有没有什么地方可以想买就买、想卖就卖，还可以多家比较，择优选取呢？

有，那就是网络商店！

哇！你别瞎说啊！网络上的商店，那多玄啊！看不见摸不着的，你怎么能够放心让我在上面做买卖？那是城里的小青年玩时髦的东西，可不适合我们这些乡里乡亲啊！

错了哦！随着网络的全面普及，网上的商店已经不是一个虚拟的东西了，而是实实在在走进千家万户的真家伙。

目前，在网上开办最成功的网络商店莫过于“淘宝网”(www.taobao.com)。它之所以成功，是因为它有一套完善的商品交易程序、质量保障体系和客户权益维护办法。可以说，在淘宝网购物总体上来说是安全、高效、划算的。让我们一起来看看如何在淘宝上面购物吧！

在淘宝网上购物的准备工作

首先，我们在IE浏览器的地址栏输入“www.taobao.com”，点击回车键就能进入淘宝网的首页：

之后点击窗口左上方的免费注册，在弹出的窗口中填写相应的资料，即可成功注册淘宝的账户。注册的时候最好使用手机注册的模式，便于以后对支付宝账户的管理和密码遗忘后取回密码，相对来说账户的安全度也更高一些。这样，用你设定的淘宝账户名字和你的手机号码都可以登录淘宝网了。

注册成功淘宝账户后，还要对淘宝账户对应的支付宝账户进行资料完善的工作。这时候，我们回到淘宝的首页，用刚刚注册的账号登录淘宝网。登录后请注意，在窗口页面的右上方有个“支付宝”标志。

在淘宝网中，支付宝就是你存钱的账户，是你在淘宝网上开的银行存折。每当你在淘宝网上购买了东西以后，你将用你在支付宝账户中的钱付钱给卖家。但是，这个钱不是直接到达卖家的账户的，而是在支付宝账户中暂时冻结，淘宝网收到了这笔钱被冻结的信息以后，就会通知卖家，你已经为购买的商品付钱了。卖家收到这个信息后就会通过邮局或快递公司给你发货。当你收到货并验收合格以后，就要通知淘宝网，已经收到了符合网上描述的货物，可以把货款支付给卖家了。同时，你还要对卖家的服务态度及货品质量进行评价（这个评价是所有进入这个卖家店铺的人都可以看到的，它完全决定了该卖家的信用和未来生意的好坏，是非常重要的哦）。于是，支付宝就会把你被冻结的货款自动转到卖家的支付宝账户上。然后，卖家再通过银行转账把支付宝中的钱划到自己银行的账户上，彻底完成一笔交易。

这样一个由淘宝网担任中介体系的支付系统，可以保证买卖双方的利益得到最大化的保护，确保交易的完善和安全。

我们点击“支付宝”就可以进入支付宝的设置界面：

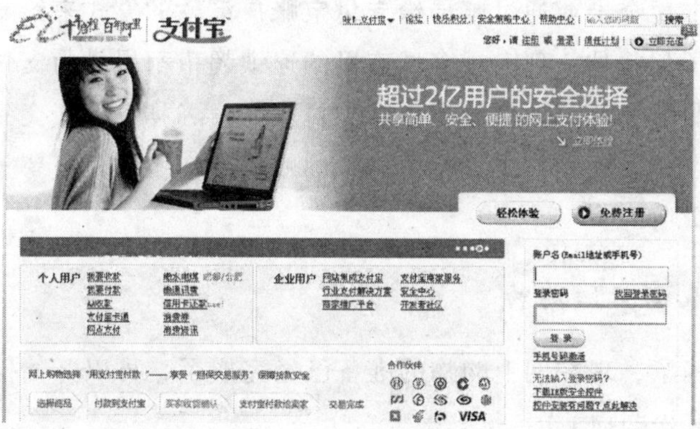

在这里用你刚才申请的淘宝账号和密码登录支付宝。登录后按照提示输入验证码后点击“同意并确认注册”，之后输入你的手机收到的短信校验码，这时候就会来到支付宝的密码设置页面，在这里你需要重新设置支付宝的登录和支付密码。所谓登录密码就是把刚才你登录支付宝的时候使用的和登录淘宝账户一样的那个密码修改成不同的密码，以保证安全性。而支付密码则是你在淘宝网购物的时候，确认从支付宝账户上给别人付钱的最高级别的密码，是与你的账户中的钱直接相关的密码，因此必须是一个和淘宝网或支付宝登录不相同的密码。

完成支付宝设置以后，你将看见一个支付宝的页面，在这里，你可以通过网络银行向支付宝账户中转款（如何开通网络银行你可以去咨询你开户的银行，他们将告诉你如何在网络上使用你银行卡里面的钱），作为你将来购物的备用款。当然，这些钱你也可以随时申请退回你转款进去的银行卡中。不过，根据笔者的经验，也不一定要在支付宝账户中保留大量存款，完全可以在购买商品的时候直接用网络银行支付每一笔交易，这样就不会存在支付宝余额过多而浪费存款利息及账户余额被盗的风险。当然，如果你实在不会使用网络银行，那就只好购买支付宝现金卡或通过邮局给支付宝账户汇款的方式来给支付宝充值了！此外，现在很多城市里的连锁超市都提供为支付宝充值的服务了，只要你记得你的支付宝账户名称，把钱交到这些服务点，就能帮你把钱充值到你的账户上，不过，需要一点点手续费哟！

在淘宝网购物

好了，现在网上购物的准备已经完成了，可以开始网上逛街，轻松购物了！

进入淘宝网的首页，可以看见这里有很多种分类，大家可以根据自己的爱好和需要进入相应分类去看有什么适合自己的东西。特别注意的是，在首页及每个分类的首页推荐的那些商品，一般都是特价商品，价格非常划算，可以重点关注。

如果你不喜欢这种瞎逛的方式，还可以根据自己的需要在搜索栏中输入自己希望寻找的商品的关键词，点击“搜索”，很快就能找到许多与你的关键词相关的商品。比如我想买一个男式背包，我就可以在搜索栏输入“男式背包”几个字，点击搜索就可以见到如下窗口：

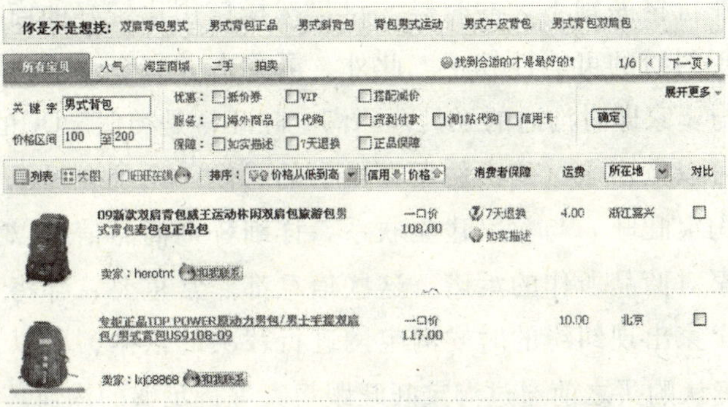

在这里，我们可以在价格区间输入我们希望的价格范围，如100~200元，然后点击“确定”，就可以过滤出我们要求的搜索结果，之后还可以点击“价格”按钮，将价格进行从低到高或从高到低的排序，便于我们选择和比较。如果你看中了某一款商品，再点击该款的说明或图片可以进入该款商品的页面：

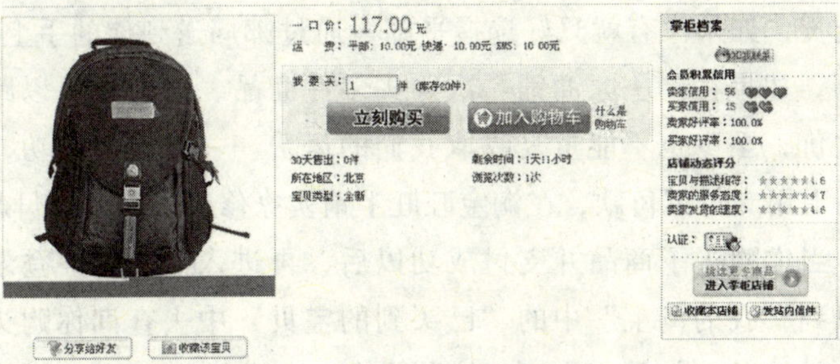

在这个页面中，我们就能够看见和该商品相关的详细信息。

要注意了，我们除了关注它的图片和质量说明以外，还要重点关注这个卖家的信用。看卖家信用有两个方面，一方面看右方的交易次数记录，一般交易上千次的有钻石标记和皇冠标记的商家，表明他的交易量非常大，相对可靠；另外一方面看其他顾客对他的评价如何，有没有交易纷争或不良记录。一般情况下，在价格差别不大的时候，尽量选择信用比较好的商家，这样出现纠纷的可能性较小。此外，屏幕右方有个“和我联系”，这是与卖家即时沟通的工具，叫淘宝旺旺，是类似于QQ的东西。我们可以点击它（初次使用在点击的时候，系统会提示你下载安装淘宝旺旺）与卖家建立联系，详细咨询商品信息以及你需要卖家对商品所作的承诺。这些信息都非常重要，都将是你一旦与卖家出现纠纷的时候淘宝网进行裁决的依据，所以，一定要在确认购买之前通过淘宝旺旺跟卖家进行足够的沟通。

当你确认购买这个商品的时候，就可以点击“立刻购买”，填写相关信息（初次使用的时候要填写清楚你的收货地址）后，输入你的支付宝支付密码确认购买并根据提示用支付宝账户或网络银行进行付款。一般情况下，我们在网上购物都会选择快递方式，毕竟这是性价比最高的一种方式，一般国内城市3天左右就能收货。如果是农村，要先咨询是否有快递公司给你们那里送货，如果没有就只好选择平邮，通过邮局送到你的手上了。此外，如果在同一家商铺一次购买多件商品，我们也可以跟卖家砍价，至少也不能重复收取我们的运费。一旦砍价成功，不要马上用支付宝付款，在淘宝旺旺上请卖家修改价格后再付款。

当你购买了商品并支付成功以后，再进入淘宝网并登录后可以到“我的淘宝”中的“已买到的宝贝”中去查询你购买的物品的情况。如果商家已经为你发货，“你购买的商品”情况栏将予以显示，你可以通过点击“详细情况”查阅商品发货的情况，包括发货的快递公司情况、发货单详情，甚至还可以通过快递公司的链接在网上查阅你的货物已经走到哪里了！

最后，就是你终于收到了期盼已久的货物。

收货的时候你最好当着快递人员的面亲自开包验货，如果包裹中的货物与你买的东西不符合或在运输过程中被损坏，请你马上要求快递员书面为你证明并将货物退回，拒绝签收（最好能当场打电话给卖家，告知情况并要求他提出解决方案）并在网上要求卖家退款或重新发货。如果卖家拒绝你的合理要求，可以将情况材料转交淘宝网，要求淘宝网进行裁决和赔偿。不过，依笔者交易数百次的经验来看，出现这种事情的几率还是非常小的，即使出现了，卖家为了你不给他坏的评价，也会努力为你解决问题的。

如果开包验收合格后，你就要尽快登录淘宝网，进入“已买到的宝贝”处，点击该商品栏的“收货确认”，再次输入你的支付宝交易密码，通知淘宝网将货款支付给卖家。随后，再根据提示为卖家进行评价，有心情的话也可以写写你在这个卖家处购买商品的感受，这些都是将来其他买家参考的重要依据，可别乱说话哟。

这样，一个完整的网络购物流程就完成了。看起来有点复杂，其实习惯了之后还真觉得很方便。一方面省去了大量逛街的时间，一方面还得了很多实惠。根据笔者多年在网上购物的经验，一般商品都能便宜一半以上。不过，像手机、电脑、家用电器这些比较容易出故障又需要售后服务的东西，笔者不建议在淘宝网购买。而价值不高的日常生活用品，包括服装、小电器、玩具、背包等等，都完全可以在淘宝网解决，基本上我还没有找到不能在淘宝网买到的东西，所以淘宝网实在是个不错的地方！

注意：网络购物可不能随便开玩笑，买了就一定要付款促进成交，别到处点击购买，却迟迟不付款，买家也是一样有信用记录的，如果信用不良的话，卖家可以拒绝向你发货，且出现纠纷的时候你将难以获得淘宝网的支持。

在网上安个家

——如何在网上开办自己的博客

最近几年，有个词很流行，那就是“博客”！现在只要稍微有点知名度的人士，都会在网上开个“博客”，每天告诉大家我今天在做啥、又有了什么发现、又希望大家能做点什么事情等等。

其实，“博客”这个词来源于英文“blog”，原本是航海日志的意思。后来随着网络博客（web blog）的流行就成为网上的一种专用名词，简单点说，就是个人日记吧，只不过是公开的，给大众看的，也有点个人杂志的味道。在博客中，可以写你的心情故事，也可以写你的经历体验，还可以发表你的诗歌、小说，更可以晒你的照片。总之，博客就是一个和你个人相关的，希望大家去分享的“大杂烩”。

在网络上开办“博客”的构想始于1998年，但到了2000年才开始真正流行。2000年博客开始进入中国并迅速发展，但都业绩平平。直到2004年木子美事件，才让中国民众了解到了博客，并运用博客。2005年，原不看好博客业务的国内各门户网站，如新浪、搜狐，也加入博客阵营，开始进入博客的春秋战国时代。起初，博主们将其每天浏览网站的心得和意见记录下来，并予以公开，提供给其他人参考和遵循。但随着“博客”快速扩张，它的目的与最初已相去甚远。目前网络上的博主们发表和张贴“博客”的目的有很大的差异。不过，由于沟通方式比电子邮件、讨论群组更简单和容易，“博客”已成为家庭、公司、部门和团队之间越来越盛行的沟通工具，因此它也逐渐被应用在企业内部网络。

目前，“博客”服务商家风起云涌，已有数十家大型博客站点。目前，国内优秀的中文博客网有：新浪博客，搜狐博客，中国博客网，腾讯博客，博客中国等。

如果你想开办博客，很简单，到网络上搜索一家博客网站，注册进去，再对你的博客网页稍加修饰，传上你的文章和图片，再广而告之，请上你的亲朋好友去你的“博客”逛逛，发表一些对你的博文的评论。你还可以多交点博客朋友，多参加些“博客”圈子，多宣传推广你的“博客”文章，自然，你这个博客就会做得越来越像那么一回事情了！

第五章

游戏娱乐

游戏是电脑一个非常重要的功能。虽然我们不赞成把电脑当成游戏机来使用，但是适当的游戏休闲还是必要的。

如果要给电脑游戏下一个准确的定义，那么我觉得“以计算机为操作平台，通过人机互动形式实现的能够体现当前计算机技术较高水平的一种新形式的娱乐方式”这一定义会比较合适。

首先，电脑游戏是必须依托于计算机操作平台的，不能在计算机上运行的游戏，肯定不会属于电脑游戏的范畴。至于现在大量出现的游戏机模拟器，原则上来讲，还是属于非电脑游戏的。

其次，游戏必须具有高度的互动性。所谓互动性是指游戏者所进行的操作，在一定程度及一定范围上对计算机上运行的游戏有影响，游戏的进展过程根据游戏者的操作而发生改变，而且计算机能够根据游戏者的行为做出合理性的反应，从而促使游戏者对计算机也做出回应，进行人机交流。游戏在游戏者与计算机的交替推动下向前行进。游戏者是以游戏参与者的身份进入游戏的，游戏能够允许游戏者进行改动的范围越大，或者说给游戏者的发挥空间越大，游戏者就能得到越多的乐趣。同时，计算机的反应真实与合理也是吸引游戏者进行游戏的因素——没有人愿意和傻子讨论政治问题，大多数人只会愿意同水平相当的人下棋。

最后，电脑游戏比较能够体现目前计算机技术的较高水平。一般在计算机更新换代的同时，计算机游戏也会相应的发生较大的变化。当计算机从486时代进入586时代时，原本流行的256色的游戏被真彩游戏所取代；当光驱成为计算机的标准配件后，原本用磁盘作为存贮介质的游戏也纷纷推出了光盘版；当3D加速卡逐渐流行起来时，就同时出现了很多必须要用3D加速卡才能运行的三维游戏；当计算机的DOS平台逐渐被Windows 95系列平台所更新时，DOS的游戏就逐渐走向没落……

就我个人的从业经验来看，计算机厂商——尤其是硬件厂商十分注意硬件与游戏软件的配合。很多硬件厂商都主动找到游戏软件开发公司，要求为它们的下一代芯片制作相应的能体现芯片卓越性能的游戏。所以有很多游戏在开发时所制定的必须配置都是超前的，以便配合新一代芯片的发售。一般硬件厂商在出售硬件（比如3D卡和声卡）时所搭配的软件总会是游戏占大多数。所以在家用计算机技术方面，游戏是比较能够体现当前技术的较高水平的，也是最能发挥计算机硬件性能的。

电脑游戏可分为几类：

1. 单机游戏
2. 网络游戏
3. 网页游戏
4. 电子竞技

总的来说，游戏有利也有弊。

健康游戏忠告：

抵制不良游戏，拒绝盗版游戏。

注意自我保护，谨防受骗上当。

适度游戏益脑，沉迷游戏伤身。

合理安排时间，享受健康生活。

劳逸结合、工作休息两不误

——Windows自带游戏使用介绍

其实，即使我们的电脑什么游戏都不安装，我们还是可以用电脑玩游戏的，因为Windows本身就带有几个非常好玩的小游戏——扫雷游戏、红心大战、空档接龙和纸牌。每个游戏都有它的特色和游戏方法，但总的来说都是锻炼头脑、训练反应的。我们可以通过点击“开始”—“附件”—“游戏”来找到这几个小游戏。点击它们就可以进入游戏界面，而玩每个游戏的方法都可以通过该游戏的帮助菜单来知晓。下面我们以扫雷游戏为例为大家简单讲解Windows自带游戏的使用方法。

扫雷是Windows自带的一个小智力游戏，学习它可以让我们练习鼠标操作，同时也可以增强思维判断能力，还能体会成功的乐趣。

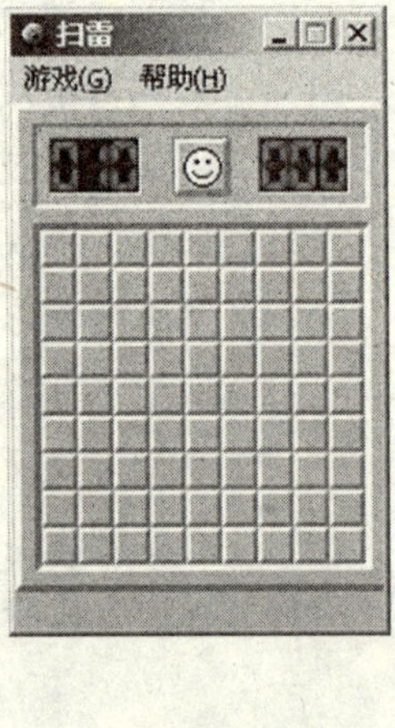

点击“开始”—“附件”—“游戏”—“扫雷”，启动扫雷游戏，我们可以看到右图的窗口：

这里有标题栏、菜单栏和工具栏以及工作区；菜单栏中“游戏”菜单里可以设定难度级别，“帮助”菜单可以了解使用方法；工具栏中左边的红色显示屏中记录的是雷的数目，右边显示的是时间，中间的娃娃脸是重新开始按钮，点一下它就能重新开始游戏；

工作区中有许多灰色的小方块，其中藏着10颗地雷，游戏目标是尽可能快地将10个地雷找出来并做上标记。用鼠标左键单击灰色小方块就可以翻开它，如果下面没有地雷，就会露出地面，如果有雷则会爆炸，任务失败，只能点击工具栏中间的笑脸按钮来重新开始游戏。翻开的方块会把挨着它的所有没有雷的方块一同翻开，挨着地雷的空地会显示出它附近地雷的数目；一个方块附近最多可以有8个雷，上下左右四个，还有斜着的四个角，但一般是1–3个，不同颜色的数字显示不同危险程度。数字一方面表示雷的数目，另一方面也告诉我们这里最多也只能有多少个雷，因此如果一个地面上显示蓝色的1，而周围又没有别的方块，那么跟它斜线上的方块一定是雷，这个雷确定了，那么旁边都不会是雷。确定地雷的方块上要单击右键，便会插一面小红旗。当正确翻开所有方块，插上10面小红旗，工具栏中的笑脸会戴上墨镜，如果你成绩优秀还会上扫雷英雄榜哟！

打麻将、斗地主、下围棋，这里都能找到对手！

——如何应用QQ棋牌游戏软件

现在，人们的生活条件越来越好了，除了忙碌的工作之外，也需要适当的休闲。于是，闲暇之时，邀三五好友，一杯清茶，聊聊天，偶尔再切磋下麻将、斗地主、象棋、围棋就成了人们休闲的主要途径。可是，麻将常常三缺一，斗地主总是找不到搭档，围棋象棋又往往难逢对手，这些也是头痛的事情。

如今，网络联系着你我他，找搭档是一件简单得不能再简单的事情。只要有电脑、有网络，就能登录各种各样的娱乐网站，找个远方的朋友，共同游戏，不亦乐乎。

现在，在网络上提供棋牌娱乐游戏的服务商如雨后春笋般发展起来。QQ游戏、联众游戏、边锋网游、中国游戏网、冠通网络棋牌世界等等，可以说玩家的选择性是非常之大的。这些网络棋牌游戏服务商提供的服务都相差不大，谈不上谁比谁更强。不过依笔者的经验，既然大家都要用QQ，不妨我们的网络棋牌游戏也用QQ。毕竟少安装一个软件，简单化操作也是一件好事情。何况，QQ的网络棋牌游戏做得确实不错。

QQ游戏是腾讯公司2003年8月推出的休闲游戏产品，目前已成为全球最大的休闲游戏社区平台，同时在线人数超过480万，现有70多款好玩有趣的游戏，包括玩家熟悉的棋牌游戏、富有新意的休闲游戏，以及紧张刺激的竞技游戏，满足了休闲游戏用户不同的娱乐需求。

要玩QQ游戏很简单，只要你安装了QQ，登录后点击QQ主界面下方的QQ游戏图标，即可进入QQ游戏窗口。如果你还没有安装QQ游戏大厅及各种你喜欢的小游戏的客户端，系统会提示你安装，一直点“下一步”就行了。安装完后进入大厅输入QQ账号及密码，点击你要玩的游戏，选择服务器找个“座位”和别人搭档，这样就能玩了。当然，前提是这些游戏本身是你会玩的哦。如果你连麻将都不会打，还想上QQ游戏跟别人打麻将，那肯定是很让人头痛的事情。不过，也没关系，你完全可以去浏览QQ游戏中的帮助，了解游戏的规则，学会一种新游戏也就比较容易了。

好了，下面就以QQ游戏中的斗地主为例给大家讲述如何在QQ中玩休闲游戏。

安装游戏和登录进入游戏大厅我们就不详述了，毕竟有了前面的知识，这些都应该是小问题了。登录游戏后，我们会看见QQ游戏大厅，在这里，首先选择自己想玩的游戏。QQ游戏给大家提供了各种棋牌游戏，包括大家经常玩的麻将、斗地主、拖拉机、同花顺、象棋、围棋、四国军旗等等。

每个游戏区后面的数字代表该区中当前的玩家人数。

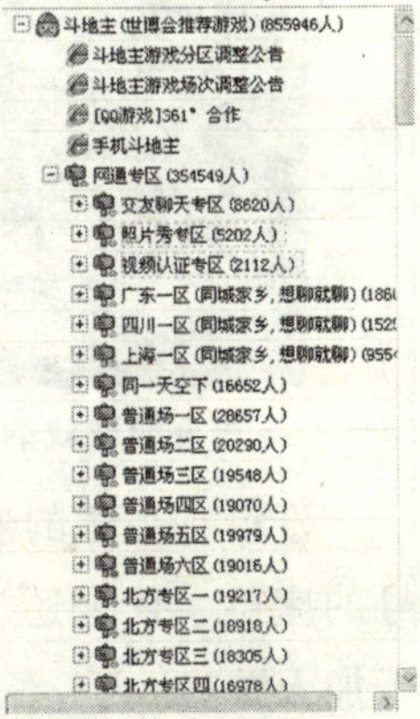

每个区图标右下角的小圆点，表示这个区当前的人数负载状况。代表爆满（小圆点为红色），代表拥挤（小圆点为橙色），代表空闲（小圆点为绿色）。你可以根据需要，选择一个区进入。

在用鼠标单击一个区后，将会显示区下面的房间列表，如下图：

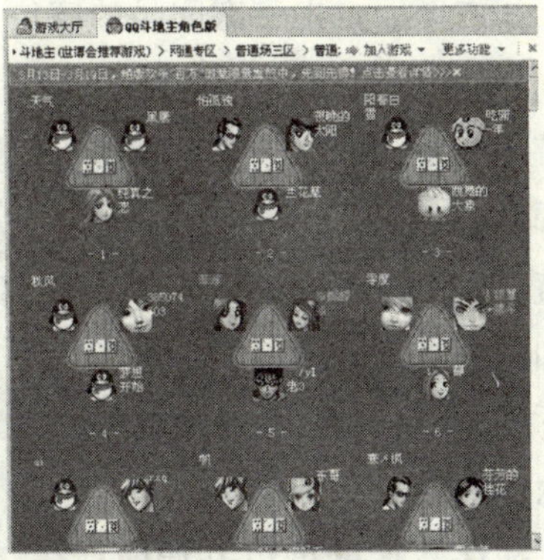

房间名称后面括号中的数字代表该房间当前的玩家人数。

双击一个房间名，可以进入游戏房间。

进入游戏房间后，会显示出该房间内的游戏桌以及游戏桌上的玩家。

显示为彩色的桌子，代表这桌已经开始游戏了，显示为灰色的桌子，代表还未开始游戏。

您可以选择一个还未开始游戏的桌子加入游戏。

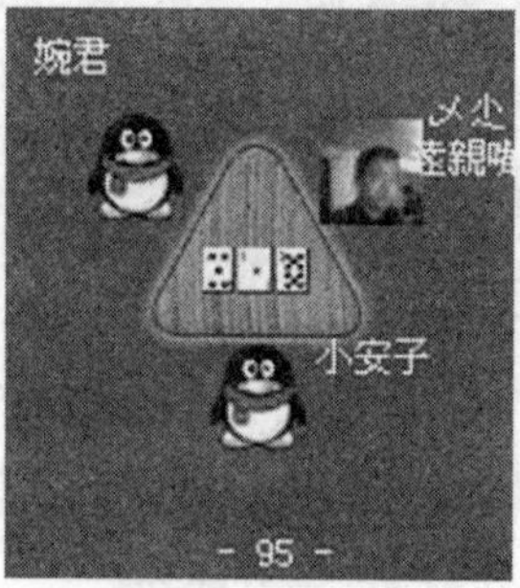

已开始游戏的桌子

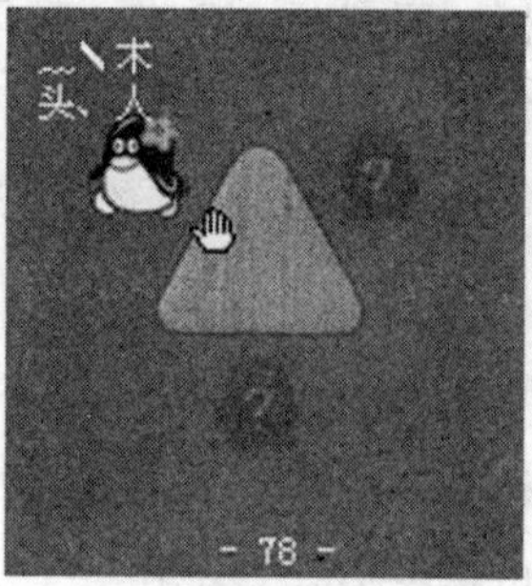

未开始游戏的桌子

显示有头像的座位，代表已经有玩家加入游戏了，显示问号的座位，代表还没有玩家加入。您可以选择一个有空位的桌子加入游戏。

如右图，点击带有问号的座位，即可加入游戏。

QQ游戏还提供了快速开始游戏的功能，如果你想省去寻找游戏座位的麻烦，可以直接点击房间上方的“快速加入”按钮，系统会自动帮你寻找空余的游戏座位，帮你加入游戏。

这样，你就可以开始QQ

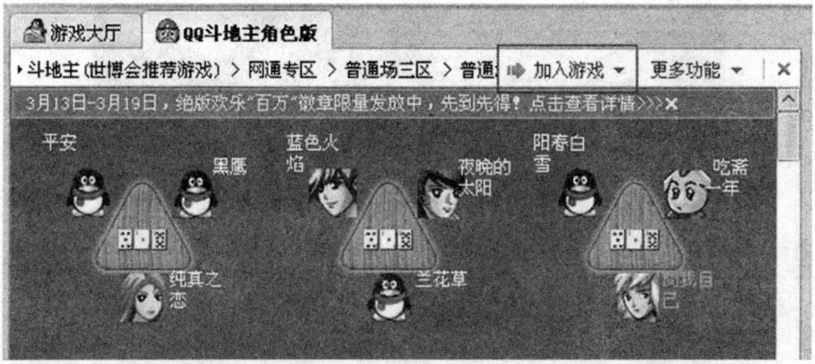

游戏了。你要记得，虽然是网络虚拟游戏，但你面对的也是真实对手哦，千万别耍赖，公平游戏才有利于身心健康。

无需上网，也能畅快游戏

——单机版电脑游戏简介

最初的电脑游戏因为没有网络环境，都是单机版的。记得当年读书的时候，总是四处寻找电脑游戏软盘，把那些宝贵的游戏逐个安装在电脑中，再彻夜厮杀，攻城略地。

如今，软盘这一落后的存储介质已经成了老古董，DVD光碟逐步成为单机版电脑游戏的主流载体，因为存储量的提升，各种大型单机游戏走入了我们的世界。即便是网络游戏兴盛的今天，单机版游戏依然有着它生存的空间。

单机游戏，指仅使用一台计算机或者游戏机就可以独立运行的计算机游戏或者电子游戏。单机游戏是区别于网络游戏而言的，是指游戏玩家不连入互联网即可在自己的电脑上玩的游

曾经风靡世界的《星际争霸》的绚丽游戏场面

戏，模式多为人机对战。因为其不能连入互联网而互动性稍显差了一些，但可以通过局域网的连接进行多人对战。

由于其不必连入互联网也可进行游戏从而摆脱了很多限制，只需要一台计算机即可体验游戏，同时也可以通过多人模式来实现玩家间的互动。当今的很多单机游戏都是精工细做而成，更能呈现出较好的画面以及优良的游戏性，相比网络游戏而言更有可玩性，游戏的种类也更加丰富。

单机游戏往往比网络游戏的画面更加细腻，剧情也更加丰富、生动。在游戏主题的故事背景下展开的一系列游戏体验，往往给人一种身临其境的感觉。而且一些单机游戏发展至今形成了有多部作品的单机游戏系列，就如电影一般讲述了一个剧情波澜起伏的精彩故事，并且让玩家将自己融入故事中，去闯荡属于自己的另一个世界，打造自己的史诗与传奇经历。

当今主要单机游戏出品商有：美国艺电、Activsion Blizzard、任天堂、2K Games、KONAMI、光荣、CAPCOM、THQ等。

单机游戏的好处还在于较不易上瘾，不会花费太多的时间与精力，更注重休闲娱乐性，是真正的好玩的游戏！

单机游戏一般可分为：

ACT 动作类

玩家控制游戏人物用各种武器消灭敌人而过关的游戏，该类游戏不追求故事情节，如《超级玛里》、《星之卡比》、《波斯王子》等。电脑上的动作游戏大多脱胎于早期如《魂斗罗》、《三国志》等的街机游戏和动作游戏，设计主旨是面向普通玩家，以纯粹的娱乐休闲为目的，一般有少部分简单的解谜成分，操作简单、易于上手、紧张刺激、属于“大众化”游戏。

AVG 冒险类

由玩家控制游戏人物进行虚拟冒险的游戏。与RPG不同的是，AVG的特色是故事情节往往是以完成一个任务或解开某些谜题的形式出现的，而且在游戏过程中刻意强调谜题的重要性。AVG也可再细分为动作类和解谜类两种，动作类AVG可以包含一些格斗或射击成分如《生化危机》系列、《古墓丽影》系列、《恐龙危机》等；而解谜类AVG则纯粹依靠解谜拉动剧情的发

《生化危机》的游戏画面

展，难度系数较大，代表是超经典的《神秘岛》系列。

RPG 角色扮演类

在游戏中，玩家扮演虚拟世界中的一个或者几个特定角色在特定场景下进行游戏。角色根据不同的游戏情节和统计数据（例如力量、灵敏度、智力、魔法等）具有不同的能力，而这些属性会根据游戏规则在游戏情节中改变。有些游戏的系统可以根据此而改进。例如《英雄传说》系列，《仙剑》系列。RPG游戏的主要思路旨在让玩家在游戏中体验另外一种生活。而另一些则让你体验成长的乐趣，如《暗黑破坏神》。

《暗黑破坏神》

SLG 策略模拟类

依照安排决策进行顺序的方式，可以分为即时战略游戏和回合制战略游戏。在即时战略游戏中，所有的决策都是即时进行的，即：游戏是连续的，你可以在游戏进行中的任何时间做出并完成决策。而回合制战略游戏则相反，游戏是基于回合的。在回合制战略游戏中，参与者要依照游戏规则轮流做出决策，只有当一方完成决策后其他参与者才能进行决策。大部分非电脑游戏都是回合制战略游戏，然而也有极少数的非电脑战略游戏是即时战略的。比较著名的有《魔兽争霸》、《帝国时代》、《魔法门英雄无敌》等。SLG游戏的主要思路是让玩家在与电脑(AI)或者与人竞争中以自己优秀的策略、缜密的思路去战胜对手。

FPS　第一人称视角射击游戏

严格来说它是属于动作游戏的一个分支，由于其在世界上的迅速风靡，使之成为一个单独的类型。最经典的莫过于《反恐精英》。

RCG　竞速游戏（也有称作为RAC的）

在电脑上模拟各类赛车运动的游戏，通常是在比赛场景下进行，非常讲究图像音效技术，往往代表了电脑游戏的尖端技术。如《极品飞车》。

你要是喜欢哪一类单机版游戏，可以去相关网站搜索下载后安装使用，也可以到电脑城购买光碟版。无论使用哪一种，记得要支持正版哦！

大家一起游戏更精彩

——主流网络游戏简介

随着网络的发展，人们已经不再满足与电脑之间的游戏。毕竟，电脑是死的，只要掌握了游戏规律就很容易征服电脑。游戏，只有人与人之间的竞争才具有挑战意义。于是，网络游戏应运而生。

网络游戏，缩写为MMOGAME，又称“在线游戏”，简称

"网游"。指以互联网为传输媒介，以游戏运营商服务器和用户计算机为处理终端，以游戏客户端软件为信息交互窗口的旨在实现娱乐、休闲、交流和取得虚拟成就的具有相当可持续性的多人在线游戏。

第一款真正意义上的网络游戏可追溯到1969年，当时瑞克·布罗米为PLATO系统编写了一款名为《太空大战》的游戏，游戏以八年前诞生于麻省理工学院的第一款电脑游戏《太空大战》为蓝本，不同之处在于，它可支持两个人的远程连线对战。到了1972年，这套游戏系统已经可以支持多达1000人的在线对战了。

到了1978年，开始出现了第二代网络游戏，那就是一种被称为MUD（泥巴）游戏的出现。那一年，在英国的埃塞克斯大学，罗伊·特鲁布肖用DEC-10编写了世界上第一款MUD游戏——"MUD1"，这是一个纯文字的多人世界，拥有20个相互连接的房间和10条指令，用户登录后可以通过数据库进行人机交互，或通过聊天系统与其他玩家交流。

MUD1是第一款真正意义上的实时多人交互网络游戏，它可以保证整个虚拟世界的持续发展。尽管这套系统每天都会重启若干次，但重启后游戏中的场景、怪物和谜题仍跟重启前一样，这使得玩家所扮演的角色可以获得持续的发展。MUD1的另一重要特征是，它可以在全世界任何一台PDP-10计算机上运行，而不局限于埃塞克斯大学的内部系统。

1996年"大型网络游戏"（MMOG）的概念浮出水面，网络游戏不再依托于单一的服务商和服务平台而存在，而是直接接入互联网并且结合了越来越精美的图形界面，在全球范围内形成了一个巨大的市场。

1996年秋季由Archetype公司发布的《子午线59》游戏被称

为第三代网络游戏的代表作。可惜，面对后来推出的《网络创世纪》，“第一网络游戏”的头衔很快被它夺走。《网络创世纪》于1997年正式推出，用户人数很快即突破10万大关。

曾经稳坐国内网游第一把交椅的《传奇世界》

随后，诸如《魔兽世界》、《无尽的任务》、《天堂》、《艾莎隆的召唤》和《亚瑟王的暗黑时代》相继成功，网络游戏顿时席卷全球。

第一批进入中国内地的网络游戏之一《万王之王》曾经获得过巨大的成功。随后，《石器时代》、《网络三国》、《黑暗之光》、《千年》、《龙族》、《红月》等相继上市。而经过十数年的打拼后，国内的网络游戏在一段时间内基本上形成了上海盛大一家独大，多家跟进的形势。上海盛大以一款从韩国引进的《传奇》开始，相继推出《传奇2》、《传奇世界》等数款经典游戏并率先推出免费游戏的模式，把国内网游市场拉入一片混战之中。

现在，还稳稳屹立在网游市场的热门网游有网易的《魔兽世界》和《梦幻西游》、搜狐的《天龙八部》、第九城市的《奇迹世界》、世纪天成的《跑跑卡丁车》、盛大的《传奇》和《传奇世界》、完美时空的《诛仙》、悠游的《三国群英传》、腾讯的《QQ幻想》以及一起玩的《热血江湖》等。

随着WEB技术的发展，在网站技术上各个层面得到提升，国外已经开始兴起许多的“无端网游”，即不用客户端也能玩的游戏，也叫网页游戏或Webgame游戏。网页游戏这一依靠WEB技术支持的在线多人游戏类型，受到许多办公室白领一族的追捧。2007年开始，中国内地也陆续开始有许多大规模运营的网页游戏，网页游戏作为网络游戏的一个分支已经逐渐形成。

你要是准备玩网游，可以去搜索这些网游的主页，下载客户端（一般都很大哦，基本上都是1G以上的客户端），然后再注册账户登录即可。每个网游的游戏方法都可以通过网游自身的新手指南逐步学习。当然，还是那句话，网游好玩，但不要沉迷其中，浪费生命哟！

遍地黄金的虚拟世界

电影，原来可以这样看！

——如何在网上在线点播电影

不经意间，网络的速度从过去拨号上网的56Kbps飞速发展到现在普遍使用的2Mbps了；也从过去只能通过硬解压卡来用电脑播放VCD碟片发展到通过网络就能在线观看高清电影了。

绝大多数人使用电脑，在闲暇之时除了玩玩游戏，还希望能通过电脑来观看一些新出的电影，而不需要自己四处奔波去购买碟片。现在，这已经从一种梦想成为了现实。

目前网上在线观看电影的网站很多，不过性能参差不齐，很多都难以流畅观看还要收取高昂的费用。笔者就是一个常年在网上看电影的人，最推荐的电影网站就是前面所讲的迅雷下载提供的迅雷看看电影网（Kankan.xunlei.com）。

打开IE浏览器，在地址栏输入kankan.xunlei.com，点击回车键进入迅雷看看主页，许多新老电影就在这里等着你。你可以根据各种分类规则寻找点选你喜爱的电影，点击在线播放就会自动启动迅雷下载软件并弹出电影播放窗口。经过一小段时间的缓冲处理，高清电影就来到了你的面前。一定要记得，必须安装最新版本的迅雷下载软件才可以使用这个网站看电影哟！

事实上，如果在家里再稍微做点工作，把电脑的视频输出（现在的绝大多数显卡都提供这个接口）和音频输出用专用线接出来，插到家里的大电视和音响上面，组成自家的家庭影院系统，那就是真正的在线点播啦！

此外，除了能通过网络在线看电影以外，同样也能在线看电视。在这方面提供在线电视服务的商家也很多，笔者一般习惯使用一种叫做PPStream（www.ppstream.com）的软件，效果非常好，可以收视的电视台也多，还可以点播电影，速度也非常快，笔者用1Mbps的宽带就可以非常流畅地使用了。大家到这个网站去下载软件安装后点击即可使用，非常简单、方便。